建工考试　全国一级建造师执业资格考试考霸笔记

建设工程经济

全彩版

考霸笔记

全国一级建造师执业资格考试考霸笔记编写委员会　编写

中国建筑工业出版社
中国城市出版社

全国一级建造师执业资格考试考霸笔记

编写委员会

蔡 鹏　炊玉波　高海静　葛新丽　黄 凯　李瑞豪

梁 燕　林丽菡　刘 辉　刘 敏　刘鹏浩　刘 洋

马晓燕　千成龙　孙殿桂　孙艳波　王竹梅　武佳伟

杨晓锋　杨晓雯　张 帆　张旭辉　周 华　周艳君

前　言

从每年一级建造师考试数据分析来看，一级建造师考试考查的知识点和题型呈现综合性、灵活性的特点，考试难度明显加大，然而枯燥的文字难免让考生望而却步。为了能够帮助广大考生更容易理解考试用书中的内容，我们编写了这套"全国一级建造师执业资格考试考霸笔记"系列丛书。

这套丛书由建造师执业资格考试培训老师根据"考试大纲"和"考试教材"对执业人员知识能力要求，以及对历年考试命题规律的总结，通过图表结合的方式精心组织编写。本套丛书是对考试用书核心知识点的浓缩，旨在帮助考生梳理和归纳核心知识点。

本系列丛书共 7 分册，分别是《建设工程经济考霸笔记》《建设工程项目管理考霸笔记》《建设工程法规及相关知识考霸笔记》《建筑工程管理与实务考霸笔记》《机电工程管理与实务考霸笔记》《市政公用工程管理与实务考霸笔记》《公路工程管理与实务考霸笔记》。

本系列丛书包括以下几个显著特色：

考点聚焦　本套丛书运用思维导图、流程图和表格将知识点最大限度地图表化，梳理重要考点，凝聚考试命题的题源和考点，力求切中考试中 90% 以上的知识点；通过大量的实操图对考点进行形象化的阐述，并准确记忆、掌握重要知识点。

重点突出　编写委员会通过研究分析近年考试真题，根据考核频次和分值划分知识点，通过星号标示重要性，考生可以据此分配时间和精力，以达到用较少的时间取得较好的考试成绩的目的。同时，还通过颜色标记提示考生要特别注意的内容，帮助考生抓住重点，突破难点，科学、高效地学习。

贴心提示　本套丛书将不好理解的知识点归纳总结记忆方法、命题形式，提供复习指导建议，帮助考生理解、记忆，让备考省时省力。

[书中红色字体标记表示重点、易考点、高频考点；蓝色字体标记表示次重点]。

此外，为行文简洁明了，在本套丛书中用"[14、21年单选，15年多选，20年案例]"表示"2014、2021年考核过单项选择题，2015年考核过多项选择题，2020年考核过实务操作和案例分析题。"

为了使本书尽早与考生见面，满足广大考生的迫切需求，参与本书策划、编写和出版的各方人员都付出了辛勤的劳动，在此表示感谢。

本书在编写过程中，虽然几经斟酌和校阅，但由于时间仓促，书中不免会出现不当之处和纰漏，恳请广大读者提出宝贵意见，并对我们的疏漏之处进行批评和指正。

目 录

1Z101000　工程经济

1Z101010	资金时间价值的计算及应用	001
1Z101020	技术方案经济效果评价	005
1Z101030	技术方案不确定性分析	011
1Z101040	技术方案现金流量表的编制	014
1Z101050	设备更新分析	016
1Z101060	价值工程在工程建设中的应用	020
1Z101070	新技术、新工艺和新材料应用方案的技术经济分析	025

1Z102000　工程财务

1Z102010	财务会计基础	028
1Z102020	成本与费用	031
1Z102030	收入	037
1Z102040	利润和所得税费用	040
1Z102050	企业财务报表	045
1Z102060	财务分析	051
1Z102070	筹资管理	054
1Z102080	流动资产财务管理	059

1Z103000　建设工程估价

1Z103010	建设项目总投资	063
1Z103020	建设工程定额	076
1Z103030	建设工程项目设计概算	085
1Z103040	建设工程项目施工图预算	092
1Z103050	工程量清单编制	096
1Z103060	工程量清单计价	100
1Z103070	计量与支付	107
1Z103080	国际工程投标报价	131

1Z101000 工程经济

1Z101010 资金时间价值的计算及应用

【考点1】利息的计算（☆☆☆☆☆）

1. 资金时间价值的影响因素 [19、22 年单选，20 年多选]

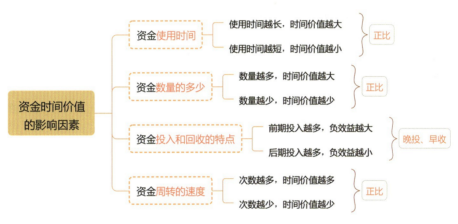

图 1Z101010-1 资金时间价值的影响因素

 资金有时间价值，即使金额相同，发生在不同时间，其价值就不相同。本考点有三种考核题型：
（1）判断正确与错误说法的题目。
（2）多项选择题考核影响资金时间价值的因素。
（3）根据资金时间价值，判断有利方案的综合分析题。

2. 利息与利率的概念 [22 年单选]

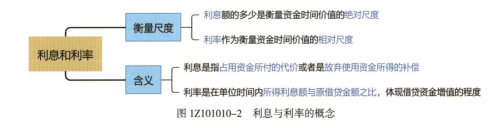

图 1Z101010-2 利息与利率的概念

001

3. 影响利率高低的因素 [15年多选]

图 1Z101010-3　影响利率高低的因素

4. 利息与利率的作用 [15年单选]

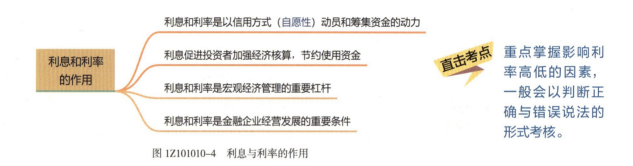

图 1Z101010-4　利息与利率的作用

直击考点　重点掌握影响利率高低的因素，一般会以判断正确与错误说法的形式考核。

5. 利息的计算 [13、14、17、19年单选]

利息的计算　　　　　　　　　　　　　　　表 1Z101010-1

利息	计算
单利	单利即通常所说的"利不生利"的计息方法。其计算式如下： $$I_t = P \times i_{单}$$ 式中　I_t——代表第 t 计息周期的利息额； 　　　P——代表本金； 　　　$i_{单}$——计息周期单利利率。 而 n 期末单利本利和 F 等于本金加上总利息，即： $$F = P + I_n = P(1 + n \times i_{单})$$
复利	复利即"利生利""利滚利"的计息方式。其表达式如下： $$I_t = i \times F_{t-1}$$ 式中　i——计息周期复利利率； 　　　F_{t-1}——表示第 $(t-1)$ 期末复利本利和。 而第 t 期末复利本利和的表达式如下： $$F_t = F_{t-1} \times (1 + i)$$

单利计息时,仅用最初本金作为计息基数,而不计入先前产生的利息。复利计息时,先前周期上所累积的利息也要计算利息。该采分点主要以计算题为主,一般在题干中都会给出是采用哪种计息方式,题目也比较简单。

考试时主要考查单利法,在计算利息时,我们还应该注意一个细节,借款是在年初借入还是在年内均衡借入,年初借入按整年来算,年内均衡借入按年中借入(即半年)来算。题中如无特别指出,我们认为是年初借入。

【考点2】资金等值计算及应用(☆☆☆☆☆)

1. 现金流量图的绘制 [13、17年多选]

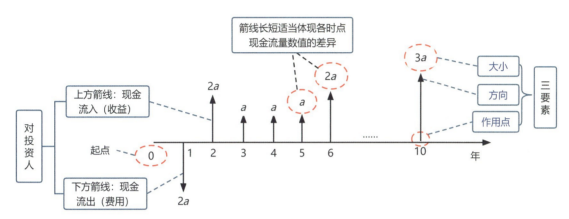

图 1Z101010-5 现金流量图的绘制

 现金流量图的绘制,一般考核两个题型:
一是绘制现金流量图的三要素,这会是一个多项选择题。
二是关于现金流量图绘制规则表述的题目。

2. 终值和现值计算 [13、14、15、16、18、20、21、22年单选]

终值和现值计算　　　　表 1Z101010-2

类别	问题	系数表达式	计算公式
一次支付终值（已知 P 求 F）	现在投入的一笔资金,在 n 年末一次收回(本利和)多少?	$F=P(F/P, i, n)$	$F=P(1+i)^n$
一次支付现值（已知 F 求 P）	希望 n 年末有一笔资金,n 年初需要一次投入多少?	$P=F(P/F, i, n)$	$P=F(1+i)^{-n}$
等额支付系列终值（已知 A 求 F）	从现在起每年末投入的一笔等额资金,在 n 年末一次收回(本利和)是多少?	$F=A(F/A, i, n)$	$F=A[(1+i)^n - 1]/i$
等额支付系列现值（已知 A 求 P）	希望几年内每年年末收回等额资金,现在需要投资多少?	$P=A(P/A, i, n)$	$P=A[(1+i)^n - 1]/[i(1+i)^n]$

现值与终值的概念和计算方法相反。在 P 一定，n 相同时，i 越高，F 越大；在 i 相同时，n 越长，F 越大。在 F 一定，n 相同时，i 越高，P 越小；在 i 相同时，n 越长，P 越小。

该采分点考核以计算题为主，审题时应注意：
（1）如果题目问几年后取出多少或本利和为多少，那么就是求 F。
（2）如果题目问开始、现在需要投资多少钱，那么就是求 P。
（3）如果再出现每年，那么应选用等额系列公式。

【考点3】实际利率和名义利率的计算（☆☆☆☆☆）
[14、15、17、18、19、20、21、22 年单选，14 年多选]

实际利率和名义利率的计算　　　　表 1Z101010-3

年名义利率	计息期	年计息次（m）	年有效利率	半年有效利率	季有效利率	月有效利率
r	年	1	r	$(1+r)^{\frac{1}{2}}-1$	$(1+r)^{\frac{1}{4}}-1$	$(1+r)^{\frac{1}{12}}-1$
	半年	2	$\left(1+\frac{r}{2}\right)^2-1$	$\frac{r}{2}$	$\left(1+\frac{r}{2}\right)^{\frac{1}{2}}-1$	$\left(1+\frac{r}{2}\right)^{\frac{1}{6}}-1$
	季	4	$\left(1+\frac{r}{4}\right)^4-1$	$\left(1+\frac{r}{4}\right)^2-1$	$\frac{r}{4}$	$\left(1+\frac{r}{4}\right)^{\frac{1}{3}}-1$
	月	12	$\left(1+\frac{r}{12}\right)^{12}-1$	$\left(1+\frac{r}{12}\right)^6-1$	$\left(1+\frac{r}{12}\right)^3-1$	$\frac{r}{12}$

本考点考核主要题型是计算题，利用公式计算实际利率，另外，还要掌握名义利率与实际利率的关系，一般会考核判断正确与错误说法的题目。

一个公式：$i_{\text{eff}}=\left(1+\frac{r}{m}\right)^m-1$

（1）公式中 "$\frac{r}{m}$" 的 m = 计息的次数。
（2）指数中的 m = 所求有效利率的时间单位 ÷ 计息周期的时间单位。

如果题目所给定的计息周期短于 1 年，比如按半年、季、月计息，或每季计息一次、每季复利一次、按季计算复利等，此时题目所给的已知年利率一定是名义利率（除非题目已说明是年有效利率或年实际利率）。

1Z101020 技术方案经济效果评价

【考点1】经济效果评价的内容（☆☆☆）

1. 经济效果评价的基本内容 [22年多选]

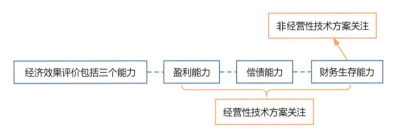

图 1Z101020-1 经济效果评价的基本内容

2. 经济效果评价方法 [22年单选]

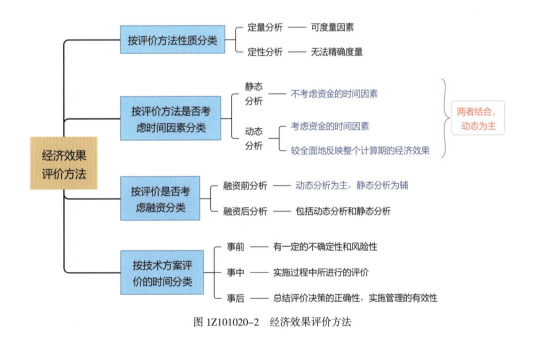

图 1Z101020-2 经济效果评价方法

3. 技术方案的计算期 [16年多选]

◆技术方案的计算期是指在经济效果评价中为进行动态分析所设定的期限，包括建设期和运营期。运营期分为投产期和达产期两个阶段。

【考点 2】经济效果评价指标体系（☆☆☆☆）
[13、20、21 年单选，13、14、17、18 年多选]

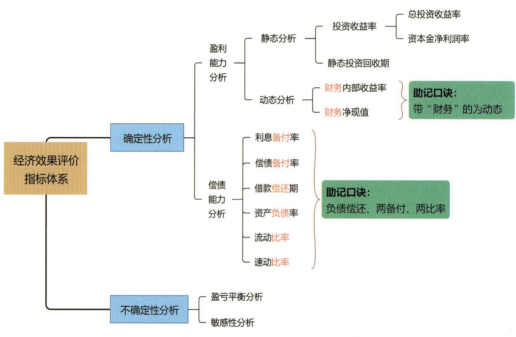

图 1Z101020-3　经济效果评价指标体系

 本考点单项选择题、多项选择题都会考查。一般考查题型是：下列经济效果评价指标中，属于 × 指标的是/有（　　）。

【考点 3】投资收益率分析（☆☆☆☆☆）
[14、15、16、17、18、21 年单选，17 年多选]

投资收益率分析　　　　　　　　　　　　　　　　表 1Z101020-1

项目	内容
概念	投资收益率是衡量技术方案获利水平的评价指标，它是技术方案建成投产达到设计生产能力后一个正常生产年份的年净收益额与技术方案投资的比率
计算式	$$R=\dfrac{A}{I}\times 100\%$$ 式中　R——投资收益率； 　　　A——技术方案年净收益额或年平均净收益额； 　　　I——技术方案投资
判别准则	（1）投资收益率（R）≥基准投资收益率（R_c），则技术方案可以考虑接受。 （2）投资收益率（R）<基准投资收益率（R_c），则技术方案是不可行的

续表

项目		内容
应用式	总投资收益率	总投资收益率（ROI）表示总投资的盈利水平，按下式计算： $$ROI=\frac{EBIT}{TI}\times 100\%$$ 式中 EBIT——技术方案正常年份的年息税前利润或运营期内年平均息税前利润，年息税前利润 = 年利润总额 + 计入年总成本费用的利息费用； TI——技术方案总投资（包括建设投资、建设期贷款利息和全部流动资金）
		（1）用来衡量整个技术方案的获利能力。 （2）总投资收益率越高，从技术方案所获得的收益就越多。 （3）总投资收益率高于同期银行利率，适度举债是有利的
	资本金净利润率	技术方案资本金净利润率（ROE）表示技术方案资本金的盈利水平，按下式计算： $$ROE=\frac{NP}{EC}\times 100\%$$ 式中 NP——技术方案正常年份的年净利润或运营期内年平均净利润，净利润 = 利润总额 − 所得税； EC——技术方案资本金
		用来衡量技术方案资本金的获利能力，资本金净利润率（ROE）越高，资本金所取得的利润就越多，权益投资盈利水平也就越高；反之，则情况相反

本考点考核以计算题为主，还可能根据计算结果判断技术方案是否可行。应能区分公式中字母的含义。2015 年、2016 年、2017 年、2018 年都考核了总投资收益率的计算，2014 年、2021 年考核了资本金净利润的计算。

与总投资相对应的一定是 EBIT；与项目资本金相对应的一定是净利润。

【考点4】投资回收期分析（☆☆☆☆）[13、15、17、18、19 年单选，22 年多选]

投资回收期分析 表 1Z101020-2

项目	内容
应用式	当技术方案实施后各年的净收益（即净现金流量）均相同时，静态投资回收期的计算公式如下： $$P_t=\frac{I}{A}$$ 式中 I——技术方案总投资； A——技术方案每年的净收益，即 $A=(CI-CO)_t$
	当技术方案实施后各年的净收益不相同时，静态投资回收期可根据累计净现金流量求得，也就是在技术方案投资现金流量表中累计净现金流量由负值变为零的时点。其计算公式为： $$P_t=T-1+\frac{\left|\sum_{t=0}^{T-1}(CI-CO)_t\right|}{(CI-CO)_T}$$ 式中 T——技术方案各年累计净现金流量首次为正或零的年数； $\left|\sum_{t=0}^{T-1}(CI-CO)_t\right|$——技术方案第 (T − 1) 年累计净现金流量的绝对值； $(CI-CO)_T$——技术方案第 T 年的净现金流量

续表

项目	内容
判别准则	（1）静态投资回收期（P_t）≤基准投资回收期（P_c），则技术方案可以考虑接受。 （2）静态投资回收期（P_t）>基准投资回收期（P_c），则技术方案是不可行的

本考点在考试时主要考核计算题目，各年的净收益不同时，静态投资回收期的计算考核较多。

【考点5】财务净现值分析（☆☆☆☆）[18、19、20、21年单选，22年多选]

财务净现值分析　　　　　　　　　　　　　　　　　表 1Z101020-3

项目	内容
概念	财务净现值是评价技术方案盈利能力的<u>绝对指标</u>。用一个预定的基准收益率（或设定的折现率）i_c，分别把整个计算期间内各年所发生的净现金流量都折现到技术方案开始实施时的现值之和
计算	$$FNPV = \sum_{t=0}^{n}(CI-CO)_t(1+i_c)^{-t}$$ 式中　$FNPV$——财务净现值； 　　　$(CI-CO)_t$——技术方案第 t 年的净现金流量（应注意"+""-"号）； 　　　i_c——基准收益率； 　　　n——技术方案计算期
判别标准	当 $FNPV>0$ 时，说明技术方案财务上可行。 当 $FNPV=0$ 时，说明技术方案财务上还是可行的。 当 $FNPV<0$ 时，说明技术方案财务上不可行

（1）从历年考试情况来看，本考点考核主要以单项选择题为主，而且以计算题为主。
（2）财务净现值的计算，运用的资金时间价值系数（$P/F, i, n$），还会根据计算结果判断技术方案的可行性。

【考点6】财务内部收益率分析（☆☆☆☆☆）[13、15、16、17、18、19、21年单选]

财务内部收益率分析　　　　　　　　　　　　　　　表 1Z101020-4

项目	内容
概念	对常规技术方案，财务内部收益率其实质就是使技术方案在计算期内<u>各年净现金流量的现值累计等于零时</u>的折现率。其数学表达式为： $$FNPV(FIRR) = \sum_{t=0}^{n}(CI-CO)_t(1+FIRR)^{-t} = 0$$ 式中　$FIRR$——财务内部收益率。 <u>随着折现率的逐渐增大，财务净现值由大变小，由正变负。</u> 财务内部收益率是一个未知的折现率，一般通过计算机直接计算，手算时可采用试算法确定财务内部收益率 $FIRR$
判断	（1）财务内部收益率（$FIRR$）≥基准收益率（i_c），则技术方案在经济上可以接受。 （2）财务内部收益率（$FIRR$）<基准收益率（i_c），则技术方案在经济上应予拒绝

该采分点主要考查净现值与内部收益率的关系及其财务内部收益率 FIRR 的近似值。
财务净现值与财务内部收益率的关系如下：

财务净现值与财务内部收益率　　　　　　　　　　　　表 1Z101020-5

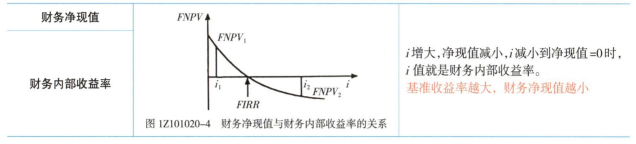

财务净现值		i 增大，净现值减小，i 减小到净现值=0时，i 值就是财务内部收益率。
财务内部收益率		基准收益率越大，财务净现值越小

图 1Z101020-4　财务净现值与财务内部收益率的关系

【考点 7】经济效果评价指标的优劣（☆☆☆☆）[14、17、19、20、21 年单选]

经济效果评价指标的优劣　　　　　　　　　　　　表 1Z101020-6

指标	优点	缺点
投资收益率	（1）经济意义明确、直观。 （2）计算简便。 （3）在一定程度上反映了投资效果的优劣，可适用于各种投资规模	（1）没有考虑投资收益的时间因素。 （2）计算主观随意性太强，正常生产年份的选择比较困难。 （3）作为主要的决策依据不太可靠
静态投资回收期	（1）容易理解，计算也比较简便。 （2）在一定程度上显示了资本的周转速度，资本周转速度愈快，静态投资回收期愈短，风险愈小，技术方案抗风险能力强	（1）没有全面地考虑技术方案整个计算期内现金流量，只考虑回收之前的效果，不能反映投资回收之后的情况，故无法准确衡量技术方案在整个计算期内的经济效果。 （2）只能作为辅助评价指标，或与其他评价指标结合应用
财务净现值	（1）考虑了资金的时间价值以及技术方案在整个计算期内的经济状况。 （2）经济意义明确。 （3）能够直接以货币额表示盈利水平	（1）必须首先确定基准收益率。 （2）互斥方案寿命期不等时，必须构造一个相同的分析期限。 （3）不能真实反映单位投资的使用效率。 （4）不能直接说明运营期间的经营成果。 （6）不能反映投资回收速度。 （7）受外部参数（i_c）的影响
财务内部收益率	（1）考虑了资金的时间价值以及技术方案在整个计算期内的经济状况。 （2）不仅能反映投资过程的收益程度，而且大小不受外部参数影响。 （3）不需事先确定基准收益率。 （4）一个考察技术方案盈利能力的相对值指标，与人们通常以相对数表示投资收益的习惯比较符合	（1）计算麻烦。 （2）值不存在或多解。 （3）不能直接用于互斥方案之间的比选

对经济效果评价指标的优缺点可以对比记忆。
本考点在考试时会以判断正确与错误说法的题目考查，比如：关于静态投资收回期指标的说法，正确的是/有（　　）。
本考点还会考核一种题型，就是根据题干条件中各评价指标的特点，对备选项中的说法进行判断，题目难度较大，2014 年、2017 年、2020 年都考核过这类型题目。

【考点 8】基准收益率的确定（☆☆☆）[14、20、22 年单选]

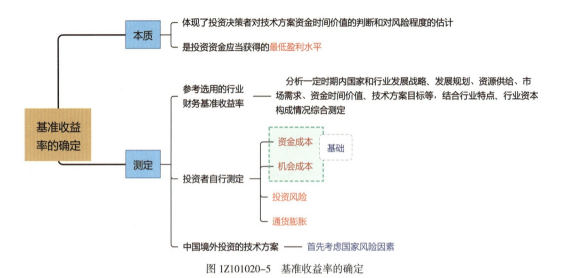

图 1Z101020-5 基准收益率的确定

> **直击考点** 本考点有两种考试题型：一是判断正确与错误说法的综合题目；二是直接考核基准收益率确定应考虑的几个因素。

【考点 9】偿债能力分析（☆☆☆☆）

1. 偿债资金来源 [16 年单选，13、15、19、21 年多选]

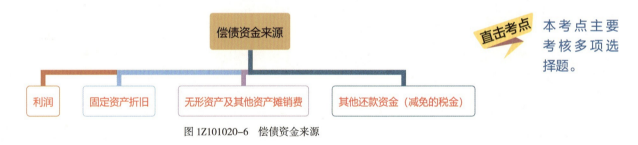

图 1Z101020-6 偿债资金来源

> **直击考点** 本考点主要考核多项选择题。

2. 偿债能力指标 [22 年单选]

偿债能力指标   表 1Z101020-7

指标	公式	判别准则
借款偿还期	$P_d =$ (借款偿还开始出现盈余年份 -1) + $\dfrac{\text{盈余当年应偿还借款额}}{\text{盈余当年可用于还款的余额}}$	满足贷款机构的要求期限时，是有借款偿债能力的
利息备付率	利息备付率 $(ICR) = \dfrac{\text{息税前利润}}{\text{计入总成本费用的应付利息}}$	正常情况下利息备付率应当大于 1。低于 1 时，表明企业没有足够资金支付利息，偿债风险较大
偿债备付率	偿债备付率 $(DSCR) = \dfrac{\text{息税前利润} + \text{折旧} + \text{摊销} - \text{所得税}}{\text{应还本付息的金额}}$	正常情况偿债备付率应当大于 1，小于 1 时，表示企业当年资金来源不足以偿付当期债务

1Z101030 技术方案不确定性分析

【考点1】盈亏平衡分析（☆☆☆☆☆）

1. 总成本与固定成本、可变成本 [14年单选]

总成本与固定成本、可变成本　　　　表 1Z101030-1

项目	内容
固定成本	工资及福利费（计件工资除外）、折旧费、修理费、无形资产及其他资产摊销费、其他费用等
可变成本	原材料、燃料、动力费、包装费和计件工资等
半可变（或半固定）成本	介于固定成本和可变成本之间

2. 线性盈亏平衡分析的假设条件 [21年多选]

◆ 生产量等于销售量，即当年生产的产品（或提供的服务，下同）扣除自用量，当年销售出去。
◆ 产销量变化，单位可变成本不变，总成本费用是产销量的线性函数。
◆ 产销量变化，销售单价不变，销售收入是产销量的线性函数。
◆ 只生产单一产品；或者生产多种产品，但可以换算为单一产品计算，不同产品的生产负荷率的变化应保持一致。

3. 基本的量本利图 [15年单选]

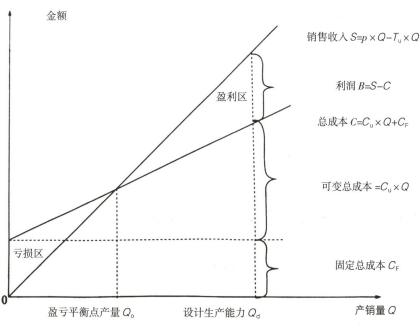

图 1Z101030-1　基本的量本利图

从盈亏平衡分析图中可以看出，盈亏平衡点越低，亏损区域的面积就越小，达到此点的盈亏平衡产销量就越少，技术方案投产后盈利的可能性越大，抗风险能力越强。

4. 产销量（工程量）及生产能力利用率盈亏平衡分析的方法 [13、14、16、17、18、19、20、22年单选，13、14年多选]

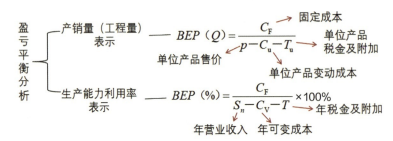

图1Z101030-2　产销量（工程量）及生产能力利用率盈亏平衡分析的方法

 以上公式中的收入和成本均不含增值税销项税和进项税的价格。盈亏平衡点的计算要按技术方案投产达到设计生产能力后正常年份计算，不能按计算期内的平均值计算。

本考点是每年的必考考点，每年至少会考核一道题目，主要考核都是计算题目。

【考点2】敏感性分析（☆☆☆☆☆）

1. 确定分析指标

图1Z101030-3　确定分析指标

 该知识点一般会考核单项选择题。

2. 选择需要分析的不确定性因素

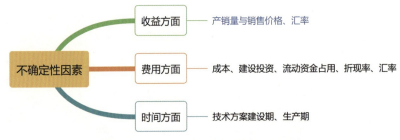

图1Z101030-4　选择需要分析的不确定性因素

 折现率因素对静态评价指标不起作用。

3. 分析每个不确定性因素的波动程度及其对分析指标可能带来的增减变化情况

◆对所选定的不确定性因素，应根据实际情况设定这些因素的变动幅度，其他因素固定不变。
◆计算不确定性因素每次变动对技术方案经济效果评价指标的影响。

4. 确定敏感性因素 [13、15、16、17、18、19、20、21、22年单选，14、20年多选]

确定敏感性因素　　　　　　表 1Z101030-2

项目	内容
敏感度系数 （相对测定法）	$S_{AF}=\dfrac{\Delta A/A}{\Delta F/F}$ 式中　S_{AF}——敏感度系数； 　　　$\Delta F/F$——不确定性因素 F 的变化率（％）； 　　　$\Delta A/A$——不确定性因素 F 发生 ΔF 变化时，评价指标 A 的相应变化率（％）。 $S_{AF}>0$，表示评价指标与不确定因素同方向变化；$S_{AF}<0$，表示评价指标与不确定因素反方向变化。 $|S_{AF}|$越大，表明评价指标 A 对于不确定因素 F 越敏感；反之，则不敏感。 斜率越大敏感度越高。 敏感系数提供了各不确定因素变动率与评价指标变动率之间的比例，但不能直接显示变化后评价指标的值
临界点 （绝对测定法）	临界点是指技术方案允许不确定因素向不利方向变化的极限值。超过极限，技术方案的经济效果指标将不可行。 可用专用软件的财务函数计算，也可由敏感性分析图直接求得近似值。 高低与设定的指标判断标准有关。对于同一个技术方案，随着设定基准收益率的提高，临界点会变低。 越低，说明该因素对技术方案经济效果指标影响越大，技术方案对该因素越敏感

5. 选择方案

◆选择敏感程度小、承受风险能力强、可靠性大的。

平衡点低能力强、敏感度大能力弱（低强、大弱）；斜率越大越敏感；过临界点不可行。

本考点是每年的必考考点，考核题型主要以下几种：
（1）题干中给出单因素敏感性的各项工作，判断正确的程序。
（2）敏感性分析不确定因素的选择。
（3）敏感度系数和临界点的确定和运用，会考核计算题和判断正确与错误说法的综合题目。
（4）根据敏感性分析图，判断最敏感的因素。
（5）根据敏感性分析表判断敏感性程度。

1Z101040 技术方案现金流量表的编制

【考点1】技术方案现金流量表（☆☆☆☆）

1. 投资现金流量表

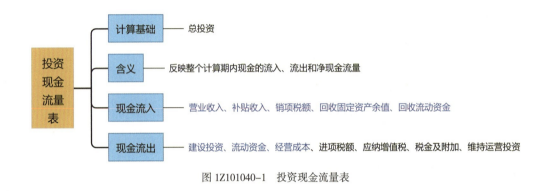

图 1Z101040-1　投资现金流量表

2. 资本金现金流量表 [14、21、22年单选，13年多选]

图 1Z101040-2　资本金现金流量表

3. 投资各方现金流量表 [16年单选，15年多选]

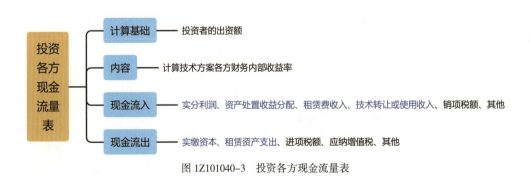

图 1Z101040-3　投资各方现金流量表

4. 财务计划现金流量表 [13、15年单选，21年多选]

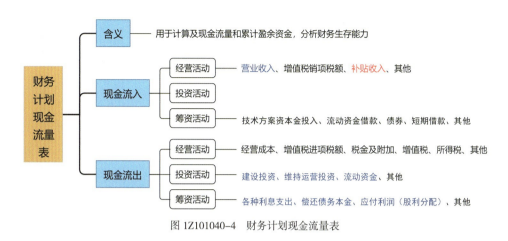

图 1Z101040-4　财务计划现金流量表

> **直击考点**
> 技术方案现金流量表有四个，从近几年的考试情况来看，考核形式有两种：
> （1）对表格特点分析、内容及四个表间内容区别的考核。
> （2）对每个现金流量表中现金流入或现金流出项目的考核。注意投资现金流量表与资本金现金流量表中现金流入的内容相同。

【考点2】技术方案现金流量表的构成要素（☆☆☆☆☆）

1. 补贴收入

> ◆ 先征后返的增值税。
> ◆ 定额补贴。
> ◆ 财政扶持。

2. 投资的内容 [18、19年多选]

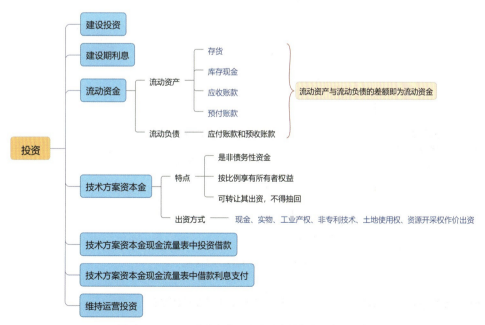

图 1Z101040-5　技术方案现金流量表的构成要素（投资）

3. 经营成本 [16、17、18、22年单选，14、19年多选]

◆ 经营成本是技术方案现金流量表中运营期现金流出的主体部分。
◆ 经营成本 = 总成本费用 – 折旧费 – 摊销费 – 利息支出
◆ 经营成本 = 外购原材料、燃料及动力费 + 工资及福利费 + 修理费 + 其他费用

直击考点 经营成本的两大公式：一是减法公式，另一个是加法公式。考核形式有三种：
（1）经营成本包括的内容。
（2）经营成本的计算。
这两种考核形式本质上考核的都是经营成本包括的内容。考生要明确哪些费用属于经营成本，哪些费用不属于经营成本。
（3）计算公式的表述题。

1Z101050 设备更新分析

【考点1】设备磨损与补偿（☆☆☆☆）

1. 设备磨损的类型 [14、16、18、20、21年多选]

口诀助记 第一种有形磨损是用的，第二种有形磨损是放的；无形磨损都是技术进步引起的。

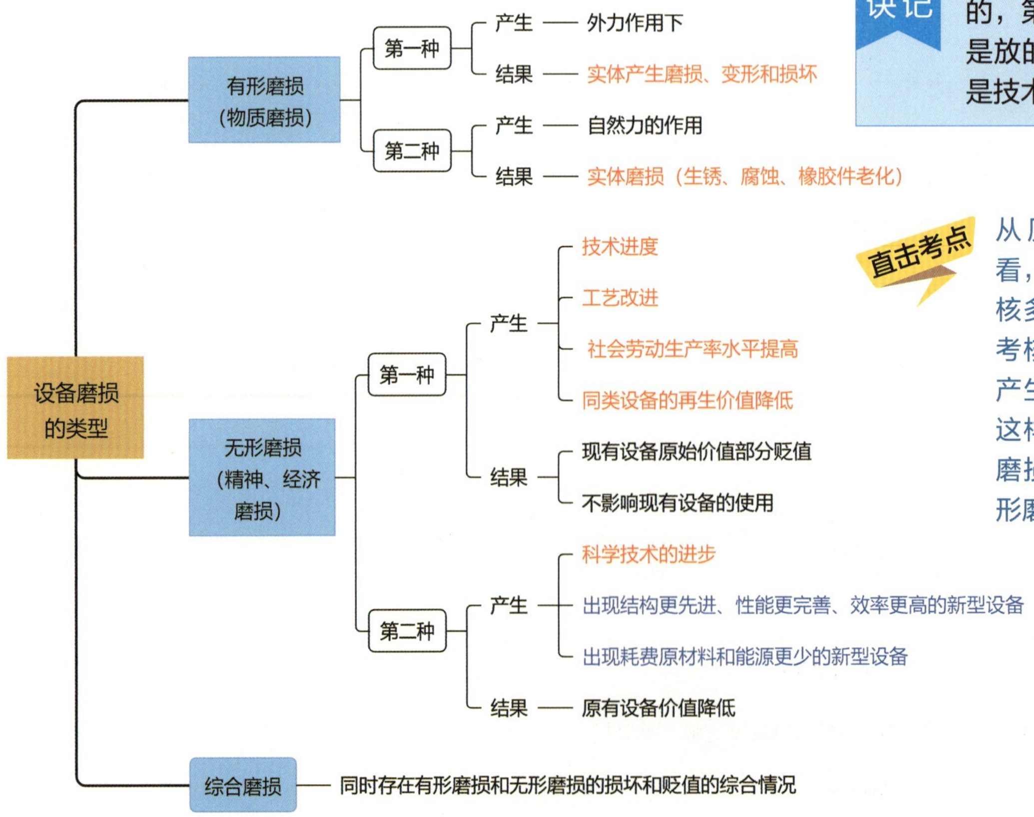

直击考点 从历年考试情况来看，该知识点主要考核多项选择题，而且考核的都是无形磨损产生的原因，一般会这样命题：下列设备磨损情形中，属于无形磨损的有（　）。

图 1Z101050–1 设备磨损的类型

2. 设备磨损的补偿方式 [14、21年单选，22年多选]

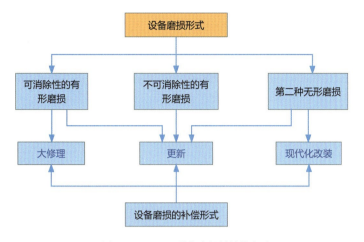

图1Z101050-2　设备磨损的补偿方式

 该知识点有两种考核方式：
（1）考核某一磨损形式应采取的补偿方式。
（2）逆向命题，考核某一种补偿方式对应的磨损形式。

【考点2】设备更新方案的比选原则（☆☆☆）[13、19、20、22年单选]

◆设备更新分析应站在客观的立场分析问题。
◆不考虑沉没成本。沉没成本是过去投资决策发生的而与现在更新决策无关；更新决策价值就是当前市场价值。
沉没成本 = 设备账面价值 – 当前市场价值 =（设备原值 – 历年折旧费）– 当前市场价值
◆逐年滚动比较。

 本考点主要考核沉没成本的计算。

【考点3】设备更新时机的确定方法（☆☆☆☆）

1. 设备寿命的概念 [16年单选，13、17年多选]

设备寿命的概念　　　　　　　　　　　　　表1Z101050-1

设备寿命	时间	决定因素	相关规定
自然（物质）寿命	投入使用开始→不能继续使用、报废的全部时间	有形磨损	不能成为更新的估算依据
技术寿命	投入使用开始→被淘汰的延续时间	无形磨损	比自然寿命短，技术进步越快、寿命越短
经济寿命	投入使用开始→经济上不合理被更新的时间	设备维护费用的提高和使用价值的降低	平均使用成本最小的使用年限为经济寿命

 （1）该知识点采用对比记忆方法。
（2）设备自然寿命、技术寿命、经济寿命的概念不要混淆，经常会以判断正确与错误说法的综合题目出现，对于多项选择题，切记不要多选。

2. 设备经济寿命的估算 [17、20年单选，15年多选]

设备经济寿命的估算　　　　表 1Z101050-2

项目	内容
原则	（1）平均每年净收益（纯利润）最大。 （2）一次性投资和各种经营费总和最小　　**口助诀记** 成本最小、收益最大
方法	静态模式下： N 年内设备的年平均使用成本（$\overline{C}_N$）= 设备的平均年度资产消耗成本（$\dfrac{P-L_N}{N}$）+ 设备的平均年度运行成本（$\dfrac{P-L_N}{N}$） 简化的计算： $$N_0=\sqrt{\dfrac{2(P-L_N)}{\lambda}}$$ 式中　N_0——设备的经济寿命； 　　　P——设备目前实际价值，如果是新设备包括购置费和安装费，如果是旧设备包括旧设备现在的市场价值和继续使用旧设备追加的投资； 　　　L_N——第 N 年末的设备净残值； 　　　λ——设备的低劣化值

  本考点主要考核计算题。

3. 设备更新时机的确定 [16年多选]

◆ 如果旧设备继续使用 1 年的年平均使用成本低于新设备的年平均使用成本，即：
$$C_N（旧）< C_N（新）$$
此时，不更新旧设备，继续使用旧设备 1 年。

◆ 当新旧设备方案出现：
$$C_N（旧）> C_N（新）$$
此时，应更新现有设备，这即是设备更新的时机。

【考点4】设备租赁与购买方案的比选分析（☆☆☆☆☆）

1. 设备租赁的方式 [13年多选]

设备租赁的方式　　　　表 1Z101050-3

租赁方式	适用情况
融资租赁	租赁双方承担确定时期的租让和付费义务，而不得任意中止和取消租约，贵重的设备（如重型机械设备等）宜采用这种方法
经营租赁	租赁双方的任何一方可以随时以一定方式在通知对方后的规定期限内取消或中止租约，临时使用的设备（如车辆、仪器等）通常采用这种方式

2. 设备租赁与设备购买的比较 [17、21年单选，19、21年多选]

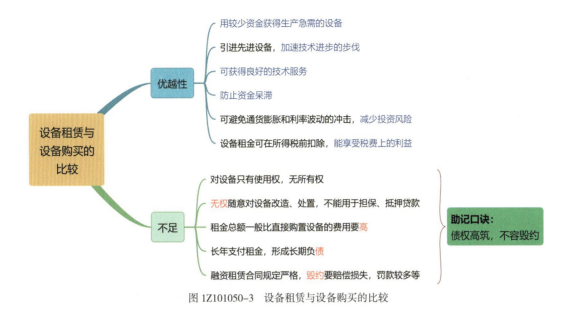

图 1Z101050-3　设备租赁与设备购买的比较

 设备租赁与设备购买的比较一般会考核判断正确与错误说法的题目。

3. 租金的计算 [13、14、15、16、18、20、22年单选]

租金的计算　　　　　表 1Z101050-4

项目		内容
附加率法		$R = P\dfrac{(1+N\times i)}{N} + P\times r$ 式中　P——租赁资产的价格； 　　　N——租赁期数，可按月、季、半年、年计； 　　　i——与租赁期数相对应的利率； 　　　r——附加率
年金法	期末支付租金	$R_a = P\dfrac{i(1+i)^N}{(1+i)^N - 1}$ 式中　R_a——每期期末支付的租金额； 　　　P——租赁资产的价格； 　　　N——租赁期数，可按月、季、半年、年计； 　　　i——与租赁期数相对应的利率或折现率。 $\dfrac{i(1+i)^N}{(1+i)^N - 1}$——称为等额系列资金回收系数，用符号 $(A/P, i, N)$ 表示
	期初支付租金	$R_b = P\dfrac{i(1+i)^{N-1}}{(1+i)^N - 1}$ 式中　R_b——每期期初支付的租金额

 对于租金的计算，考试时主要考核附加率法，在历年考试只有2011年考核的年金法概念。在历年的考试题目中，考核题型都基本一致，只是在数字设置上有所不同。

4．设备方案的经济比选

◆一般寿命相同时可以采用财务净现值（或费用现值）法，设备寿命不同时可以采用财务净年值（或年成本）法，均以收益效果较大（或成本较少）的方案为宜。

1Z101060 价值工程在工程建设中的应用

【考点1】提高价值的途径（☆☆☆☆）

1．价值工程的含义及公式 [13年单选]

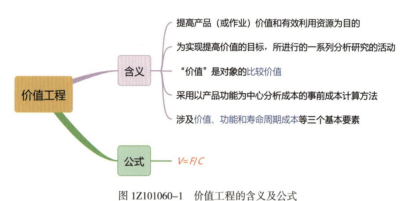

图 1Z101060-1 价值工程的含义及公式

2．价值工程的特点 [13年单选，17、22年多选]

◆价值工程的目标，是以最低的寿命周期成本，使产品具备它所必须具备的功能。产品的寿命周期成本由生产成本和使用及维护成本组成。
◆价值工程的核心，是对产品进行功能分析。不是分析它的结构，在分析功能的基础上，再去研究结构、材质等问题。
◆价值工程将产品价值、功能和成本作为一个整体同时来考虑。
◆价值工程强调不断改革和创新。
◆价值工程要求将功能定量化。
◆价值工程是以集体智慧开展的有计划、有组织、有领导的管理活动。

（1）价值工程的特点一般会以判断正确与错误说法的形式考核。
（2）价值工程的核心还会考核单项选择题。

3. 产品功能与成本关系 [17、22年单选]

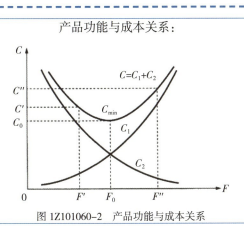

- 在 F' 点，产品功能较少，使用及维护成本较高，因而使用寿命周期成本较高。
- 在 F'' 点，使用及维护成本较低，生产成本过高，因而寿命周期成本也较高。
- 在 F_0 点，产品功能既能满足用户的需求，产品成本 C_1 和使用及维护成本 C_2 两条曲线叠加所对应的寿命周期成本为最小值 C_{min}，体现了比较理想的功能与成本的关系

图 1Z101060-2 产品功能与成本关系

- 产品生产成本 C_1 是指发生在生产企业内部的成本，也是用户购买产品的费用，包括产品的科研、实验、设计、试制、生产、销售等费用及税金等。
- 产品使用及维护成本 C_2 是指用户在使用过程中支付的各种费用的总和，它包括使用过程中的能耗费用、维修费用、人工费用、管理费用等，有时还包括报废拆除所需费用（扣除残值）。
- 随着产品功能水平提高，产品的生产成本 C_1 增加，使用及维护成本 C_2 降低；反之，产品功能水平降低，其生产成本 C_1 降低但是使用及维护成本 C_2 增加。因此，当功能水平逐步提高时，寿命周期成本 $C=C_1+C_2$，呈马鞍形变化。

 本考点会考核判断正确与错误说法的综合题目。

4. 价值提升的途径 [18、20、21年单选，21年多选]

图 1Z101060-3 价值提升的途径

 提升价值工程的5种途径都是以公式 $V=F/C$ 为基础，设法使 V 增大。可以这样理解：

双向型（理想型）：$\dfrac{F\uparrow}{C\downarrow}\to V\uparrow$；改进型：$\dfrac{F\uparrow}{C}\to V\uparrow$；节约型：$\dfrac{F}{C\downarrow}\to V\uparrow$；投资型：$\dfrac{F\uparrow\uparrow}{C\uparrow}\to V\uparrow$；

牺牲型：$\dfrac{F\downarrow}{C\downarrow\downarrow}\to V\uparrow$。

考试一般会给出一个例子，判断是属于哪种途径。

【考点2】价值工程在工程建设应用中的实施步骤（☆☆☆☆☆）

1. 价值工程的工作程序 [14、17年单选，15、20年多选]

价值工程的工作程序　　表 1Z101060-1

工作阶段	设计程序	工作步骤 基本步骤	工作步骤 详细步骤	对应问题
准备阶段	制定工作计划	确定目标	（1）工作对象选择 （2）信息资料搜集	（1）价值工程的研究对象是什么
分析阶段	功能评价	功能分析	（3）功能定义 （4）功能整理	（2）这是干什么用的
分析阶段	功能评价	功能评析	（5）功能成本分析 （6）功能评价 （7）确定改进范围	（3）成本是多少 （4）价值是多少
创新阶段	初步设计	制定创新方案	（8）方案创造	（5）有无其他方法实现同样功能
创新阶段	评价各设计方案，改进、优化方案	制定创新方案	（9）概略评价 （10）调整完善 （11）详细评价	（6）新方案的成本是多少
创新阶段	方案书面化	制定创新方案	（12）提出方案	（7）新方案能满足功能的要求吗
实施阶段	检查实施情况并评价活动成果	方案实施与成果评价	（13）方案审批 （14）方案实施与检查 （15）成果评价	（8）偏离目标了吗

（1）区分每个阶段包括的工作。
（2）可能会考查多项选择题，也可能考查排序题。
（3）每个阶段的对应问题应了解，可能会给出某个阶段，判断这个阶段对应的问题是什么。

2. 价值工程工作对象选择 [22年单选]

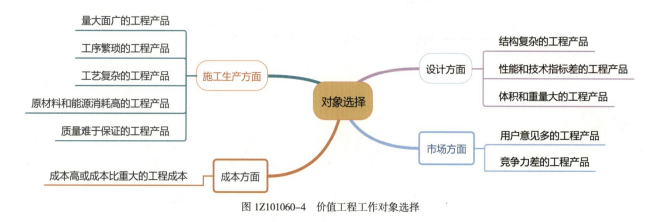

图 1Z101060-4　价值工程工作对象选择

3. 功能分类 [14、16、19 年多选]

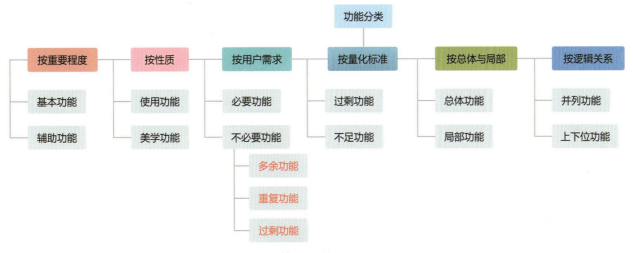

图 1Z101060-5　功能分类

4. 功能评价的程序 [19 年单选]

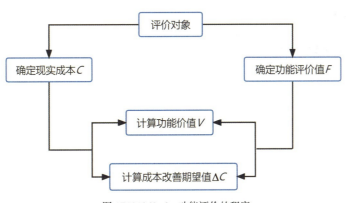

图 1Z101060-6　功能评价的程序

5. 功能价值的计算 [14、15、17 年单选]

一个公式：第 i 个评价对象的价值系数（V_i）= $\dfrac{\text{第 }i\text{ 个评价对象的功能评价值（目标成本）}(F_i)}{\text{第 }i\text{ 个评价对象的现实成本}(C_i)}$

- $V_i=1$，$F_i=C_i$。说明评价对象的价值为最佳，一般无须改进。
- $V_i<1$，$F_i<C_i$。存在着过剩的功能，实现功能的条件或方法不佳。
- $V_i>1$，$F_i>C_i$。可能功能与成本分配已较理想，或者有不必要的功能，或者应该提高成本。

 该知识点会有两种考试题型：
（1）通过计算选择最优方案。
（2）根据价值系数分析原因。

6. 确定价值工程对象的改进范围 [21年单选]

- F_i/C_i 值低的功能。
- $\Delta C_i = (C_i - F_i)$ 值大的功能。
- 复杂的功能。
- 问题多的功能。

直击考点 通过计算确定价值对象的改进范围，一般会考核第一种价值系数低的功能。

7. 创新阶段的工作 [16年单选]

图 1Z101060-7　创新阶段的工作

直击考点 方案创造的理论依据会考核单项选择题；方法会考核多项选择题。

1Z101070 新技术、新工艺和新材料应用方案的技术经济分析

【考点1】新技术、新工艺和新材料应用方案的选择原则（☆☆☆）

1. 技术上先进、可靠、安全、适用 [20、22年单选]

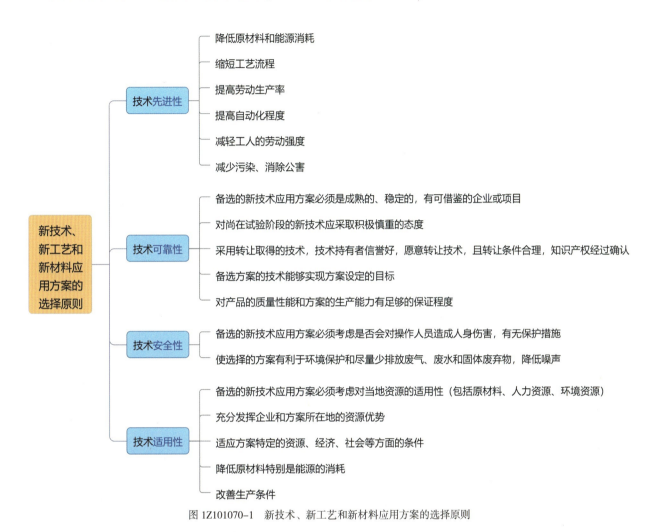

图 1Z101070-1 新技术、新工艺和新材料应用方案的选择原则

 四个原则会考核多项选择题，还会单独对某一原则考核，判断备选项中体现这一原则的内容。

2. 综合效益上合理

- ◆ 方案经济性。
- ◆ 效益综合性。

【考点2】新技术、新工艺和新材料应用方案的技术分析（☆☆☆）

1. 新技术应用方案的技术经济分析分类 [19年单选]

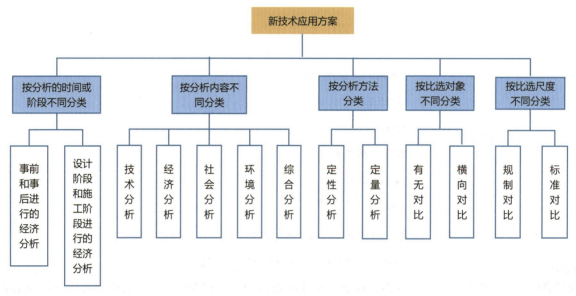

图1Z101070-2 新技术应用方案的技术经济分析分类

 该知识点有两种考试题型：
（1）判断正确与错误说法的形式，考核分类是否正确；
（2）题干中给出某一分类标准，判断包括哪项。

2. 新技术应用方案的技术分析指标 [14年单选]

新技术应用方案的技术分析指标　　　　　表1Z101070-1

分析指标	具体内容
特性指标	（1）结构工程中混凝土工艺方案的技术性指标：现浇混凝土强度、现浇工程总量、最大浇筑量。 （2）安装工程：安装"构件"总量、最大尺寸、最大重量、最大安装高度
条件指标	（1）方案占地面积。 （2）所需的主要材料、构配件等资源是否能保证供应。 （3）所需的主要专用设备是否能保证供应。 （4）所需的施工专业化协作、主要专业工种工人是否能保证供应。 （5）采用的方案对工程质量的保证程度。 （6）采用的方案可能形成的施工公害或污染情况。 （7）采用的方案抗拒自然气候条件影响的能力。 （8）采用的方案要求的技术复杂程度和难易程度以及对技术准备工作的要求，施工的安全性。 （9）采用的方案对前道工序的要求和为后续工序创造的条件等表示

【考点3】新技术、新工艺和新材料应用方案的经济分析（☆☆☆☆☆）
[13、15、16、17、18、21年单选，19、20年多选]

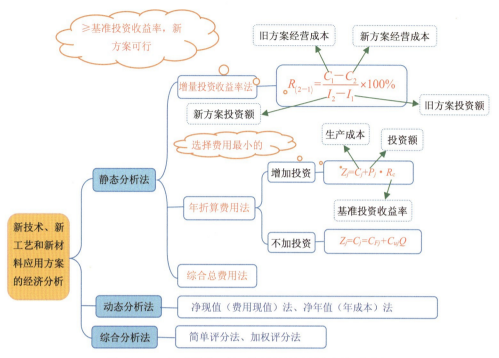

图1Z101070-3　新技术、新工艺和新材料应用方案的经济分析

（1）增量投资收益率法在考试时有两种考核题型：
第一种：根据题干中资料分析，判断两方案中的最优方案以及是否可行。
第二种：计算增量投资收益率，对公式不要死记硬背，要根据真题理解。
（2）折算费用法一般会考核判断方案中的最优方案以及是否可行。

1Z102000 工程财务

1Z102010 财务会计基础

【考点1】财务会计工作基本内容（☆☆☆☆）

1. 财务会计的职能 [14年单选]

图1Z102010-1　财务会计的职能

2. 静态会计要素的组成 [18、19年单选，13、14、21年多选]

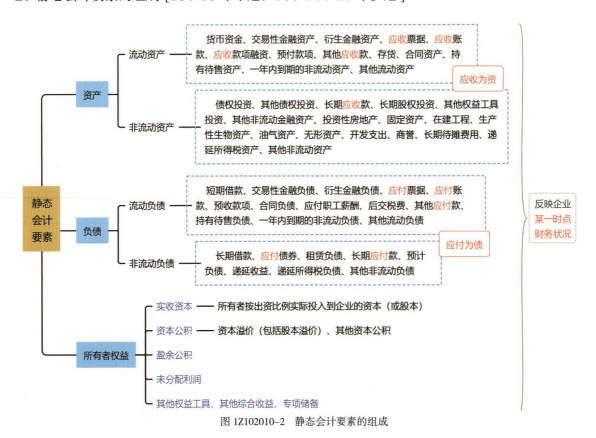

图1Z102010-2　静态会计要素的组成

直击考点
（1）区分流动资产与流动负债，考试时可能会让考生判断列入流动资产或流动负债的内容。
（2）所有者权益的内容在考核重点是资本公积。
（3）该知识点还会考核一种题型，就是判断静态会计要素。

3．动态会计要素的组成 [18、21 年多选]

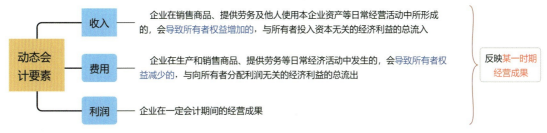

图 1Z102010-3　动态会计要素的组成

4．会计工作基本流程

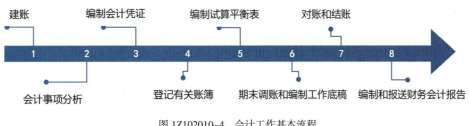

图 1Z102010-4　会计工作基本流程

【考点 2】会计核算的原则（☆☆☆☆）

1．会计核算的原则

◆ 衡量会计质量的原则。
◆ 确认和计量的原则。
◆ 起修正作用的原则。

2．会计要素的计量属性 [14、16、20、21、22 年单选]

会计要素的计量属性　　　　表 1Z102010-1

计量属性	资产	负债
历史成本	按照购置时支付的现金或者现金等价物的金额，或者按照购置资产时所付出的代价的公允价值计量	按照因承担现时义务而实际收到的款项或者资产的金额，或者承担现时义务的合同金额，或者按照日常活动中为偿还负债预期需要支付的现金或者现金等价物的金额计量

029

续表

计量属性	资产	负债
重置成本	按照现在购买相同或者相似资产所需支付的现金或者现金等价物的金额计量	现在偿付该项债务所需支付的现金或者现金等价物的金额计量
可变现净值	按照其现在正常对外销售所能收到现金或者现金等价物的金额，扣减该资产至完工时估计将要发生的成本、估计的销售费用以及相关税费后的金额计量	—
现值	按照预计从其持续使用和最终处置中所产生的未来净现金流入量的折现金额计量	按照预计期限内需要偿还的未来净现金流出量的折现金额计量
公允价值	按照市场参与者在计量日发生的有序交易中，出售资产所能收到或者转移负债所需支付的价格计量	

该知识点在记忆的时候要抓住关键词，对于资产的计量可以这样理解：
（1）历史成本是当时购置时花的多少钱或付出的代价的公允价值。
（2）重置成本是现在购买相同或相似的花的钱或现金等价物的金额。
（3）可变现净值是现在对外销售多少扣减销售过程中发生的成本、费用的金额。
（4）现值是未来的钱折现。
（5）公允价值是出售资产支付的钱。
应能区分资产或负债在计量时按照哪种属性计量。考核有以下四种形式：
（1）以判断正确与错误说法的方式考核。
（2）根据计量属性，判断资产和负债如何计量。
（3）根据计量方式，判断属于哪种计量属性。
（4）计算题目，在近几年考试中考核过历史成本、重置成本和可变现净值的计算。

【考点3】会计核算的基本前提（☆☆☆）

1．会计核算的基本假设

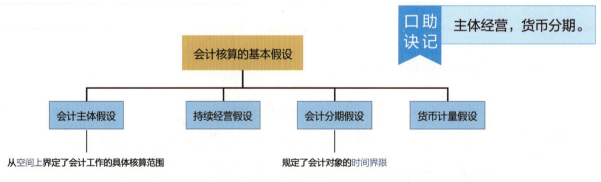

图1Z102010-5　会计核算的基本假设

030

2. 会计核算的基础 [13、15、17 年单选]

会计核算的基础　　表 1Z102010-2

核算基础	内容
收付实现制	是以相关货币收支时间为基础的会计，是以收到或支付的现金作为确认收入和费用等的依据。收付实现制是按照收益、费用是否在本期实际收到或付出为标准确定本期收益、费用的一种方法
权责发生制	凡是当期已经实现的收入和已经发生或应当负担的费用，无论款项（货币）是否收付，都应当作为当期的收入和费用，计入利润表；凡是不属于当期的收入和费用，即使款项在当期收付，也不应作为当期的收入和费用

 该知识点活学活用，收付实现制是看钱有没有收到或者支付；权责发生制不是看钱有没有收到，而是看权责是否发生转移。

【考点 4】会计等式及其应用（☆☆☆）[22 年多选]

会计等式及其应用　　表 1Z102010-3

项目	内容	公式
动态会计等式	反映企业在一定会计期间经营成果	收入 – 费用 = 利润
静态会计等式	反映企业在某一特定日期财务状况	资产 = 负债 + 所有者权益

1Z102020 成本与费用

【考点 1】费用与成本的关系（☆☆☆）

1. 会计主体的支出 [21 年多选]

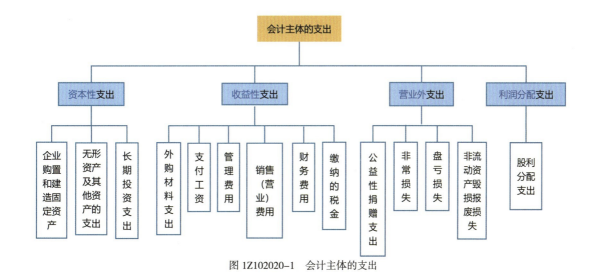

图 1Z102020-1　会计主体的支出

本考点有两种命题形式：一是直接考核某一类支出包括或不包括的内容；二是给出具体费用，判断应计入哪类支出。

2. 费用的特点 [22年单选]

◆ 是企业日常活动中发生的经济利益的流出，而不是偶发的。
◆ 可能表现为资产的减少，或负债的增加，或者兼而有之。
◆ 将引起所有者权益的减少，但与向企业所有者分配利润时的支出无关。
◆ 只包括本企业经济利益的流出，不包括为第三方或客户代付的款项及偿还债务支出。
◆ 且经济利益的流出能够可靠计量。

3. 费用的分类 [21、22年单选]

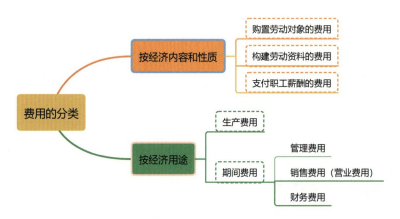

图 1Z102020-2 费用的分类

【考点2】工程成本的确认和结算方法（☆☆☆☆）

1. 工程成本的确认 [22年多选]

◆ 企业为履行合同发生的成本，同时满足下列条件的，应当作为合同履约成本确认为一项资产：①该成本与一份当前或预期取得的合同直接相关，包括直接人工、直接材料、制造费用（或类似费用）、明确由客户承担的成本以及仅因该合同而发生的其他成本；②该成本增加了企业未来用于履行履约义务的资源；③该成本预期能够收回。
◆ 企业为取得合同发生的增量成本预期能够收回的，应当作为合同取得成本确认为一项资产；但是，该资产摊销期限不超过一年的，可以在发生时计入当期损益。

2. 间接费用分摊 [17、18年单选]

间接费用分摊　　　　　　　　表1Z102020-1

项目	内容
分配方法	间接费用一般按<u>直接费的百分比</u>（水电安装工程、设备安装工程按人工费的百分比），进行施工间接费的分配或者按<u>间接费定额加权</u>分配各合同的间接费用
分配公式 考虑间接费定额加权	$某项工程本期应分配的施工间接费用 = \dfrac{\left[\begin{array}{c}某项工程本期实际发生\\的直接费（或人工费）\end{array} \times \begin{array}{c}该项工程规定的\\施工间接费用定额\end{array}\right] \times \dfrac{本期实际发生的}{施工间接费用}}{\sum\left[\begin{array}{c}各项工程本期实际\\发生的直接费（或人工费）\end{array} \times \begin{array}{c}各项工程规定的\\施工间接费用定额\end{array}\right]}$
分配公式 不考虑间接费定额加权	$间接费用分配率 = \dfrac{当期实际发生的全部间接费用}{当期各项合同实际发生的直接费用（或人工费）之和}$ $某项合同当期应负担的间接费用 = 该合同当期实际发生的直接费用（或人工费）\times 间接费用分配率$

3. 固定资产折旧方法 [21年单选，14、16、17多选]

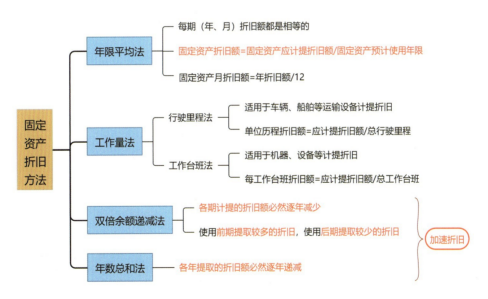

图 1Z102020-3　固定资产折旧方法

固定资产折旧方法会有以下几种命题形式：
（1）计算题，考核年限平均法。
（2）判断正确与错误说法的综合题目。
（3）判断加速折旧的方法有哪些。

对固定资产折旧方法还可以通过下表进行对比记忆：

固定资产折旧方法　　　　　　表 1Z102020-2

折旧方法	折旧基数	折旧率变化	折旧额变化	说明
年限平均法	不变	不变	不变	平摊（属直线法）
工作量法				
双倍余额递减法	逐年减少	不变	逐年减少	折旧额前多后少，逐年减少（属加速折旧法）
年数总和法	不变	逐年减少		

4．工程成本的结算方法

◆工程成本竣工结算法。
◆工程成本月份结算法。
◆工程成本分段结算法。

【考点3】工程成本的核算（☆☆☆☆）

1．工程成本及其核算的内容 [13、14年单选，19年多选]

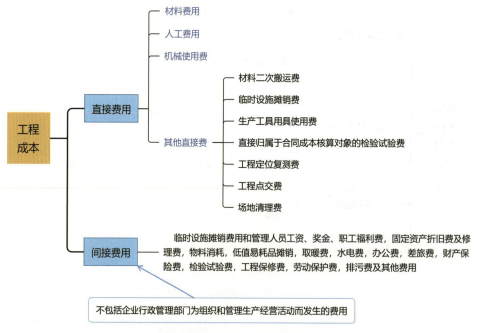

图 1Z102020-4　工程成本及其核算的内容

 注意区分直接费用和间接费用的具体内容。考查题型有两种：一是判断备选项是否属于直接费用、间接费用或工程成本；二是计算题目。

2. 工程成本核算的对象 [14年单选]

◆施工企业的成本核算对象应在工程开工以前确定,且一经确定后不得随意变更,更不能相互混淆。施工企业所有反映工程成本费用的原始记录和核算资料都必须按照确定的成本核算对象填写清楚,以便于准确地归集和分配施工生产费用。

3. 工程成本核算的原则 [20、22年单选]

工程成本核算的原则　　　　表 1Z102020-3

原则	内容
合法性原则	符合法律、法规、政府和企业制度等规定的费用才能计入成本
分期核算原则	分期核算时,应满足配比要求,企业为生产产品、提供劳务等发生的可归属于产品成本、劳务成本等的费用,应当在确认产品销售收入、劳务收入等时,将已销售产品、已提供劳务的成本等计入当期损益
相关性原则	会计信息应当符合国家宏观经济管理的要求,满足其他外部利害关系人了解企业财务状况和经营成果的需要,满足企业加强内部经营管理的需要
一致性原则	成本核算办法的一贯性原则体现在各个方面,如耗用材料的计价方法,折旧的计提方法,施工间接费的分配方法
实际成本计价原则	成本核算要采用实际成本计价
可靠性原则	保证成本核算可靠,一要真实,即所提供的成本信息与客观的经济事项相一致,不应作假或人为地提高、降低成本;二要可核实,即成本核算资料按一定的原则由不同的会计人员加以核算,都能得到相同的结果
权责发生制原则	主要从时间选择上确定成本会计确认的基础,其核心是根据权责关系的实际发生和影响期间来确认企业的支出和收益,能够更加准确地反映特定会计期间真实的财务成本状况和经营成果
谨慎原则	提取坏账准备、采用加速折旧法等,都体现了谨慎原则
重要性原则	对于成本有重大影响的业务内容,应作为核算的重点,力求精确,而对于那些不太重要的琐碎的经济业务内容,可以相对从简处理

4. 工程成本核算的程序 [15年单选]

◆确定成本核算对象,设置成本核算科目,开设成本明细账。
◆核算与分配各项生产费用。
◆计算期末工程成本(施工生产费用)。
期初未完工程成本 + 本期发生的生产费用 – 期末未完工程成本 = 本期已完工程成本
◆计算年度合同费用结转营业成本。
◆计算竣工单位工程的实际成本。

该知识点有两种考试形式:
(1)判断工程成本算首先应进行的工作,或者某项工作紧前的工作/后续工作。
(2)给出各工作环节,让我们来判断正确的核算程序。

【考点4】施工企业期间费用的核算（☆☆☆☆）

1. 管理费用的核算 [17、19年单选，13年多选]

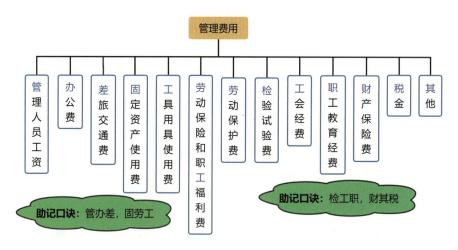

图 1Z102020-5 管理费用的核算

直击考点 注意：其他包括技术转让费、技术开发费、业务招待费、绿化费、广告费、公证费、法律顾问费、审计费、咨询费、保险费。

2. 财务费用的核算 [15、16、17、18、20年单选]

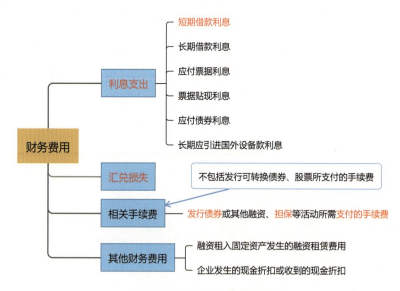

图 1Z102020-6 财务费用的核算

直击考点 该知识点考试会有两种题型：
第一种：直接考核管理费用或财务费用包括的内容。
第二种：题干中给出某项费用，判断应计入管理费用还是财务费用。

1Z102030 收入

【考点1】收入的分类及确认（☆☆☆）

1. 收入的概念 [14、18年单选]

图 1Z102030-1　收入的概念

2. 收入的特点

◆从企业的日常活动中产生。
◆可能表现为企业资产的增加，也可能表现为企业负债的减少，或二者兼而有之。
◆能导致企业所有者权益的增加。
◆只包括本企业经济利益的流入，不包括为第三方或客户代收的款项。

3. 收入的分类 [13、21年单选，22年多选]

图 1Z102030-2　收入的分类

直击考点 考试时一般会给出某项具体收入判断归属于哪一类。

4. 企业在客户取得相关商品控制权时确认收入的条件

◆合同各方已批准该合同并承诺将履行各自义务。
◆该合同明确了合同各方与所转让商品或提供劳务（以下简称"转让商品"）相关的权利和义务。
◆该合同有明确的与所转让商品相关的支付条款。
◆该合同具有商业实质，即履行该合同将改变企业未来现金流量的风险、时间分布或金额。
◆企业因向客户转让商品而有权取得的对价很可能收回。

5. 对合同变更的会计处理 [22年单选]

对合同变更的会计处理　　　　　　　　　　表 1Z102030-1

项目	会计处理
（1）合同变更增加了可明确区分的商品及合同价款，且新增合同价款反映了新增商品单独售价的	将该合同变更部分作为一份单独的合同进行会计处理
（2）合同变更不属于上述（1）规定的情形，且在合同变更日已转让的商品或已提供的服务（以下简称"已转让的商品"）与未转让的商品或未提供的服务（以下简称"未转让的商品"）之间可明确区分的	应当视为原合同终止，同时，将原合同未履约部分与合同变更部分合并为新合同进行会计处理
（3）合同变更不属于上述（1）规定的情形，且在合同变更日已转让的商品与未转让的商品之间不可明确区分的	应当将该合同变更部分作为原合同的组成部分进行会计处理，由此产生的对已确认收入的影响，应当在合同变更日调整当期收入

 考试时可能会给出某一情形，判断应采取的会计处理方式。

【考点2】建造合同收入的核算（☆☆☆☆☆）

1. 建造合同的特征

> ◆ 先有买主（及客户），后有标的（即资产），建造资产的工程范围、建设工期、工程质量和工程造价等内容在签订合同时已经确定。
> ◆ 资产的建设期长。
> ◆ 所建造的资产体积大，造价高。
> ◆ 建造合同一般为不可取消的合同。

2. 合同的分立与合并

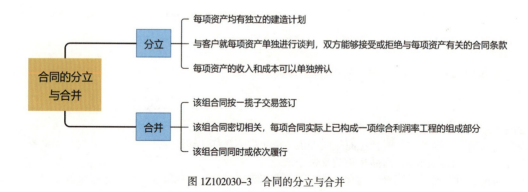

图 1Z102030-3　合同的分立与合并

3. 建造合同收入的内容 [14年单选，17、20年多选]

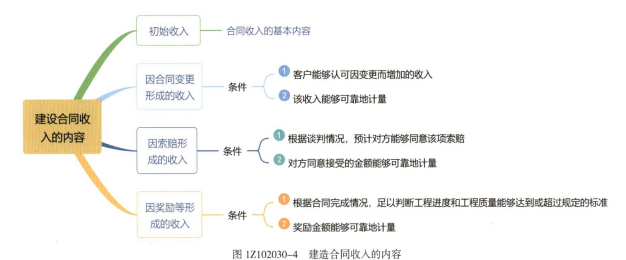

图 1Z102030-4　建造合同收入的内容

4. 合同结果能够可靠估计的标准 [15年多选]

合同结果能够可靠估计的标准　　　　表 1Z102030-2

合同形式	估计标准	二者的共性
固定造价合同	（1）合同总收入能够可靠地计量。 （2）与合同相关的经济利益很可能流入企业。 （3）实际发生的合同成本能够清楚地区分和可靠地计量。 （4）合同完工进度和为完成合同尚需发生的成本能够可靠地确定	（1）收入、成本可靠地计量。 （2）经济利益很可能流入企业
成本加成合同	（1）与合同相关的经济利益很可能流入企业。 （2）实际发生的合同成本能够清楚地区分和可靠地计量	

 该知识点宜考核多项选择题，二者的估计标准会相互作为干扰项出现。

5. 完工百分比法 [20、21、22年单选，14、15年多选]

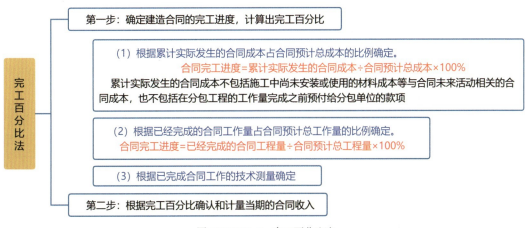

图 1Z102030-5　完工百分比法

该知识点会考核计算题，确定建造合同完工进度的三种方法及累计实际发生的合同成本不包括的内容会考核多项选择题。

6. 当期完成建造合同收入的确认

◆当期完成的建造（施工）合同收入应当按照实际合同总收入扣除以前会计期间累计已确认收入后的金额，确认为当期合同收入，即：

当期确认的合同收入＝实际合同总收入－以前会计期间累计已确认收入

7. 资产负债表日建造合同收入的确认 [13、14、15 年单选，16 年多选]

当期确认的合同收入＝合同总收入×完工进度－以前会计期间累计已确认的收入

(1) 当年开工当年未完：收入＝零
(2) 以前开工本年未完：直接运用公式
(3) 以前开工本年完工：收入＝合同总收入－以前会计年度累计已确认的合同收入
(4) 当年开工当年完工：收入＝合同的总收入

图 1Z102030-6　资产负债表日建造合同收入的确认

该知识点应区分四种情况应采取的确认方法，历年考核都是计算题。

8. 合同结果不能可靠地估计时建造合同收入的确认 [13 年多选]

◆合同成本能够回收的，合同收入根据能够收回的实际合同成本来确认，合同成本在其发生的当期确认为费用。
◆合同成本不能回收的，应在发生时立即确认为费用，不确认收入。

1Z102040 利润和所得税费用

【考点1】利润的计算（☆☆☆☆☆）

1. 利润计算 [13、17、18、20 年单选]

利润计算　　　　　　　　　　　　　　　　表 1Z102040-1

利润	计算公式
营业利润	营业利润＝营业收入－营业成本（或营业费用）－税金及附加－销售费用－管理费用－财务费用－资产减值损失＋公允价值变动收益（损失为负）＋投资收益（损失为负）
利润总额	利润总额＝营业利润＋营业外收入－营业外支出
净利润	净利润＝利润总额－所得税费用

该知识点主要有两种考核题型：

（1）计算题目。要求考生能够根据数据计算出营业利润、利润总额和净利润。在营业利润计算题目中，"营业外利润""营业外支出""所得税费用"都是迷惑条件，不考虑。计算时切忌多加多减或少加少减。

（2）计算公式表述是否正确的题目。

不管是哪一种题型，都要熟记上述公式。

2. 利润分配

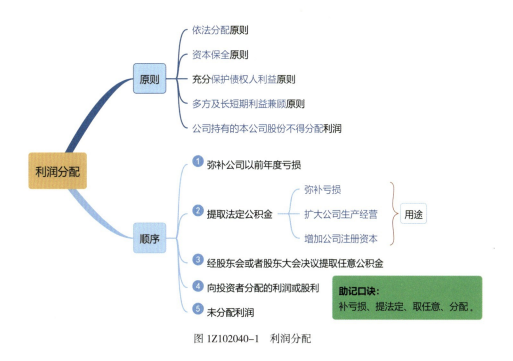

图 1Z102040-1 利润分配

 税后利润的分配原则、提取法定公积金的用途可能会考核多项选择题；分配顺序可能会考核排序题目。

【考点2】所得税费用的确认（☆☆☆）

1. 收入总额 [16、22年单选]

收入总额　　　　表 1Z102040-2

收入总额	内容
销售货物收入	企业销售商品、产品、原材料、包装物、低值易耗品以及其他存货取得的收入
提供劳务收入	企业从事建筑安装、修理修配、交通运输、仓储租赁、金融保险、邮电通信、咨询经纪、文化体育、科学研究、技术服务、教育培训、餐饮住宿、中介代理、卫生保健、社区服务、旅游、娱乐、加工以及其他劳务服务活动取得的收入
转让财产收入	企业转让固定资产、生物资产、无形资产、股权、债权等财产取得的收入

续表

收入总额	内容
股息、红利等权益性投资收益	企业因权益性投资从被投资方取得的收入
利息收入	企业将资金提供他人使用但不构成权益性投资，或者因他人占用本企业资金取得的收入，包括存款利息、贷款利息、债券利息、欠款利息等收入
租金收入	企业提供固定资产、包装物或者其他有形资产的使用权取得的收入
特许权使用费收入	企业提供专利权、非专利技术、商标权、著作权以及其他特许权的使用权取得的收入
接受捐赠收入	企业接受的来自其他企业、组织或者个人无偿给予的货币性资产、非货币性资产
其他收入	企业取得的除上收入外的其他收入，包括企业资产溢余收入、逾期未退包装物押金收入、确实无法偿付的应付款项、已作坏账损失处理后又收回的应收款项、债务重组收入、补贴收入、违约金收入、汇兑收益等

2．不征税收入

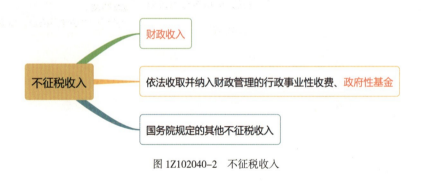

图 1Z102040-2　不征税收入

3．公益性捐赠支出准予扣除的规定 [15 年单选]

◆企业发生的公益性捐赠支出，在年度利润总额 12% 以内的部分，准予在计算应纳税所得额时扣除。超过年度利润总额 12% 的部分，准予结转以后三年内计算应纳税所得额时扣除。

 掌握两个数据"12%""三年"。考试时可能直接以数据作为采分点考核单项选择题，还会考核计算题目，2015 年就是根据"12%"进行计算的。

4. 不得扣除的支出 [14年单选]

图 1Z102040-3　不得扣除的支出

5. 不得计算折旧扣除的固定资产 [19、21年单选]

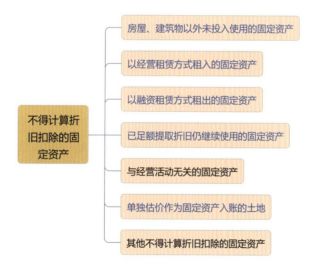

图 1Z102040-4　不得计算折旧扣除的固定资产

6. 不得计算摊销费用扣除的无形资产

◆ 自行开发的支出已在计算应纳税所得额时扣除的无形资产。
◆ 自创商誉。
◆ 与经营活动无关的无形资产。
◆ 其他不得计算摊销费用扣除的无形资产。

7. 固定资产的计税基础

固定资产的计税基础　　　　　　　　表 1Z102040-3

固定资产	计税基础
外购的	以购买价款和支付的相关税费以及直接归属于使该资产达到预定用途发生的其他支出为计税基础
自行建造的	以竣工结算前发生的支出为计税基础
融资租入的	以租赁合同约定的付款总额和承租人在签订租赁合同过程中发生的相关费用为计税基础，租赁合同未约定付款总额的，以该资产的公允价值和承租人在签订租赁合同过程中发生的相关费用为计税基础
盘盈的	以同类固定资产的重置完全价值为计税基础
通过捐赠、投资、非货币性资产交换、债务重组等方式取得的	以该资产的公允价值和支付的相关税费为计税基础
改建的	除《企业所得税法》第十三条第（一）项和第（二）项规定的支出外，以改建过程中发生的改建支出增加计税基础

8. 无形资产的计税基础

无形资产的计税基础　　　　　　　　表 1Z102040-4

固定资产	计税基础
外购的	以购买价款和支付的相关税费以及直接归属于使该资产达到预定用途发生的其他支出为计税基础
自行开发的	以开发过程中该资产符合资本化条件后至达到预定用途前发生的支出为计税基础
通过捐赠、投资、非货币性资产交换、债务重组等方式取得的	以该资产的公允价值和支付的相关税费为计税基础

9. 免税收入

◆ 国债利息收入。
◆ 符合条件的居民企业之间的股息、红利等权益性投资收益。
◆ 在中国境内设立机构、场所的非居民企业从居民企业取得与该机构、场所有实际联系的股息、红利等权益性投资收益。
◆ 符合条件的非营利组织的收入。

10. 免征、减征企业所得税的所得

- ◆ 从事农、林、牧、渔业项目的所得。
- ◆ 从事国家重点扶持的公共基础设施项目投资经营的所得。
- ◆ 从事符合条件的环境保护、节能节水项目的所得。
- ◆ 符合条件的技术转让所得。

11. 小型微利企业及国家重点扶持企业征收企业所得税税率

- ◆ 符合条件的小型微利企业，减按 20% 的税率征收企业所得税。
- ◆ 国家需要重点扶持的高新技术企业，减按 15% 的税率征收企业所得税。

1Z102050 企业财务报表

【考点1】财务报表的构成和列报的基本要求（☆☆☆☆）

1. 财务报表列报的基本要求 [18、21 年单选，14、15、20 年多选]

- ◆ 企业应该依据实际发生的交易和事项，遵循《企业会计准则》的所有规定进行确认和计量，并在此基础上编制财务报表。
- ◆ 企业应以持续经营为会计确认、计量和编制会计报表的基础。
- ◆ 除现金流量表按照收付实现制编制外，企业应当按照权责发生制编制其他财务报表。
- ◆ 财务报表项目的列报应当在各个会计期间保持一致，不得随意变更。
- ◆ 重要项目单独列报。重要性应当根据企业所处环境，从项目的性质和金额大小两方面予以判断。
- ◆ 财务报表项目应当以总额列报，资产和负债、收入和费用、直接计入当期利润的利得和损失项目的金额不能相互抵消，即不得以净额列报，除非会计准则另有规定。
- ◆ 企业在列报当期财务报表时，应当至少提供所有列报项目与上一个可比会计期间的比较数据，以及与理解当期财务报表相关的说明。
- ◆ 财务报表一般分表首和正表两部分。企业应当在财务报表的表首部分概括说明下列各项：编报企业的名称；资产负债表日或财务报表涵盖的会计期间；人民币金额单位；财务报表是合并财务报表的，应当予以标明。
- ◆ 企业至少应当编制年度财务报表。

这部分内容要特别记忆上述标记的关键词。区分以收付实现制和权责发生制编制的报表。财务报表列报的基本要求考试时会以判断正确与错误说法的形式考核；财务报表表首部分包括的内容会考核多项选择题。

2. 财务报表的构成 [14年单选]

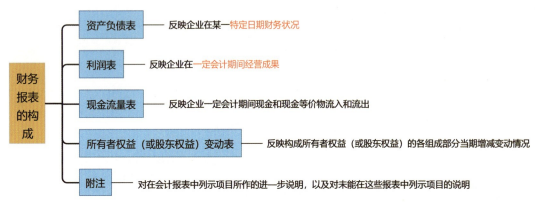

图1Z102050-1 财务报表的构成

 该知识点首先会考核财务报表的构成，会考核多项选择题。资产负债表和利润表的作用要特别记忆，是单项选择题采分点。

【考点2】资产负债表的内容和作用（☆☆☆）

1. 资产负债表的内容

◆资产负债表由两部分内容构成：第一部分是资产类，企业资产按其"流动性"（即把资产转换成现金所需要的时间）大小顺序排列，分为流动资产和非流动资产列示；第二部分是负债类，它们按债务必须支付的时间顺序排列，分为流动负债和非流动负债列示。

2. 归类为流动资产和流动负债的条件 [16年多选]

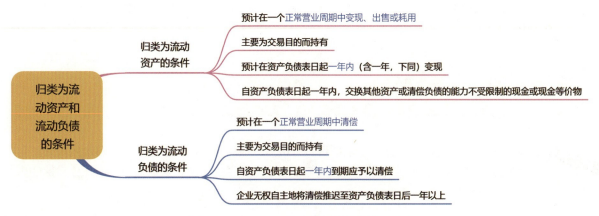

图1Z102050-2 归类为流动资产和流动负债的条件

3. 判断负债流动性时的注意事项 [13、19年单选]

判断负债流动性时的注意事项　　　　　表 1Z102050-1

项目	归类为流动负债	归类为非流动负债
在资产负债表日起一年内到期的负债	不能自主地将清偿义务展期的，即使在资产负债表日后、财务报告批准报出日前签订了重新安排清偿计划协议	企业预计能够自主地将清偿义务展期至资产负债表日后一年以上的
企业在资产负债表日或之前违反了长期借款协议	导致贷款人可随时要求清偿的负债	贷款人在资产负债表日或之前同意提供在资产负债表日后一年以上的宽限期，企业能够在此期限内改正违约行为，且贷款人不能要求随时清偿

从历年考试情况来看，考试题型只有一种，就是在题干中给出条件，判断归属于流动负债还是非流动负债。

4. 资产负债表中的所有者权益 [20年单选]

◆资产＝负债＋所有者权益，所有者权益受企业资产影响，如果企业资产出现损失，例如应收账款没有收回，作为坏账被注销，而债务不变，则股东权益将减少。

5. 资产负债表的结构 [22年单选]

◆资产负债表采用账户式结构，报表分为左右结构，左边列示资产，反映全部资产的分布及存在形态；右边列示负债和所有者权益，反映全部负债和所有者权益的内容和构成情况。

6. 资产负债表的作用

◆能够反映企业在某一特定日期所拥有的各种资源总量及其分布情况，可以分析企业的资产构成，以便及时进行调整。
◆可以提供某一日期的负债总额及其结构，表明企业未来需要用多少资产或劳务清偿债务以及清偿时间。
◆能够反映企业在某一特定日期企业所有者权益的构成情况，可以判断资本保值、增值的情况以及对负债的保障程度。

这是一个多项选择题采分点，一般会以判断正确与错误说法形式考核，错误选项一般会设置现金流量表或利润表的作用。

【考点3】利润表的内容和作用（☆☆☆）

1. 利润表的内容

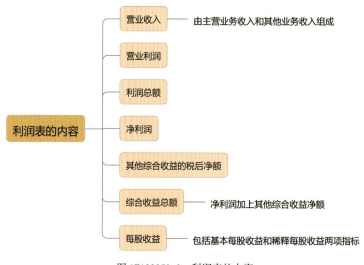

图 1Z102050-3　利润表的内容

2. 利润表的结构

◆我国采用的是多步式利润表，通过对当期的收入、费用、支出项目按性质加以归类，按利润形成的主要环节列示一些中间性利润指标，如营业利润、利润总额、净利润，分步计算当期净损益。利润表对于费用列报一般按照功能分类，即分为从事经营业务发生的成本、管理费用、研发费用、销售费用和财务费用等。

3. 利润表的作用 [21年多选]

◆反映企业在一定期间的收入实现和费用耗费情况以及获得利润或发生亏损的数额，表明企业投入与产出之间的关系。
◆可以分析判断企业损益发展变化的趋势，预测企业未来的盈利能力。
◆可以考核企业的经营成果以及利润计划的执行情况，分析企业利润增减变化原因。

这是一个多项选择题采分点，一般会以判断正确与错误说法形式考核，错误选项一般会设置现金流量表或资产负债表的作用。

【考点4】现金流量表的内容和作用（☆☆☆☆）

1. 现金及现金等价物 [13年单选，16、19年多选]

现金及现金等价物　　　　　　　　　　　　　　　　表1Z102050-2

项目	内容
现金	库存现金、可以随时用于支付的存款、其他货币资金
现金等价物	通常从购买日起三个月到期或清偿的国库券、货币市场基金、可转换定期存单、银行本票及银行承兑汇票等都可列为现金等价物

2. 作为现金等价物的短期投资应满足的条件 [22年单选]

图1Z102050-4　作为现金等价物的短期投资应满足的条件

3. 现金流量表的内容 [13、19年单选，18、20年多选]

现金流量表的内容　　　　　　　　　　　　　　　　表1Z102050-3

	经营活动	投资活动	筹资活动
概念	企业投资活动和筹资活动以外的所有交易和事项。施工企业的经营活动主要包括：承发包工程、销售商品、提供劳务、经营性租赁、购买材料物资、接受劳务、支付税费等	企业长期资产的购建和不包括在现金等价物范围的投资及其处置活动	导致企业资本及债务规模和构成发生变化的活动
现金流量	（1）销售商品、提供劳务收到的现金。 （2）收到的税费返还。 （3）收到其他与经营活动有关的现金（包括企业实际收到的政府补助，无论是与资产相关，还是与收益相关，均列在该项目下）。 （4）购买商品、接受劳务支付的现金。 （5）支付给职工以及为职工支付的现金。 （6）支付的各项税费。 （7）支付其他与经营活动有关的现金	（1）收回投资收到的现金。 （2）取得投资收益收到的现金。 （3）处置固定资产、无形资产和其他长期资产收回的现金净额。 （4）处置子公司及其他营业单位收到的现金净额。 （5）收到其他与投资活动有关的现金。 （6）购建固定资产、无形资产和其他长期资产支付的现金。 （7）投资支付的现金。 （8）取得子公司及其他营业单位支付的现金净额。 （9）支付其他与投资活动有关的现金	（1）吸收投资收到的现金。 （2）取得借款收到的现金。 （3）收到其他与筹资活动有关的现金。 （4）偿还债务支付的现金。 （5）分配股利、利润或偿付利息支付的现金。 （6）支付其他与筹资活动有关的现金

经营活动的关键词：商品、劳务、税费、职工、政府补助。
投资活动的关键词：投资、固定资产、无形资产、子公司。
筹资活动的关键词：吸收投资、取得借款、偿还债务、分配股利、利润、支付利息。

直击考点 该知识点在考核时可能采用这样的命题形式："企业现金流量表中，属于××活动产生的现金流量有（ ）。"经营活动、投资活动、筹资活动的现金流量相互作为干扰选项出现。

4．现金流量表的结构

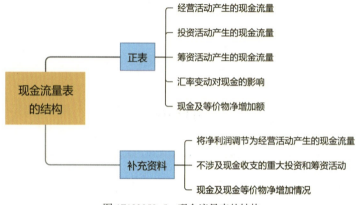

图 1Z102050-5 现金流量表的结构

5．现金流量表的作用

◆有助于使用者对企业整体财务状况做出客观评价。
◆有助于评价企业的支付能力、偿债能力和周转能力。
◆有助于使用者预测企业未来的发展情况。

这是一个多项选择题采分点，一般会以判断正确与错误说法的形式考核，错误选项一般会设置资产负债表或利润表的作用。

【考点5】财务报表附注的内容和作用（☆☆☆）[17年单选]

财务报表附注的内容和作用　　　　　　　表 1Z102050-4

项目	内容
财务报表附注的内容	（1）企业的基本情况。 （2）财务报表的编制基础。 （3）遵循企业会计准则的声明。 （4）重要会计政策的说明和重要会计估计的说明。 （5）会计政策和会计估计变更以及差错更正的说明。 （6）报表重要项目的说明 （7）或有和承诺事项、资产负债表日后非调整事项、关联方关系及其交易等需要说明的事项。 （8）有助于会计报表使用者评价企业管理资本的目标、政策和程序的信息
财务报表附注的作用	是对财务报表的补充

1Z102060 财务分析

【考点1】财务分析的常用方法（☆☆☆☆）

1. 趋势分析法 [21年单选]

趋势分析法　　　　　　　　　　　　　表 1Z102060-1

项目	内容
概念	趋势分析法又称水平分析法，是通过对比两期或连续数期财务报告中相同指标，确定其增减变化的方向、数额和幅度，来说明企业财务状况、经营成果和现金流量变动趋势的分析方法
意义	可以分析变化的原因和性质，并预测企业未来的发展前景
应用	采用趋势分析法对不同时期财务指标的比较，可以有定基指数和环比指数两种方法。 趋势分析法通常采用定基指数，其优点是简便、直观。但在采用时，应注意以下问题： （1）用于对比的不同时期的指标，在计算口径上必须一致。 （2）剔除偶发项目的影响，使用于分析的数据能反映正常的经营状况。 （3）重点分析某项有显著变化的指标，研究其变动原因，以采取对策，趋利避害

2. 比率分析法

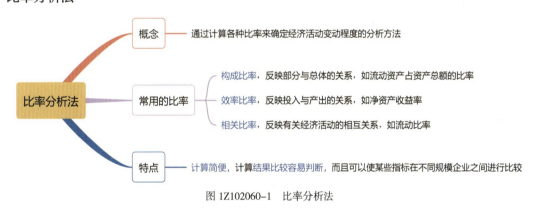

图 1Z102060-1　比率分析法

3. 因素分析法 [16、19、20年单选]

因素分析法　　　　　　　　　　　　　表 1Z102060-2

项目		内容
概念		因素分析法是依据分析指标与其驱动因素之间的关系，从数量上确定各因素对分析指标的影响方向及程度的分析方法
分析思路		当有若干因素对分析指标产生影响时，在假设其他各因素都不变的情况下，顺序确定每个因素单独变化对分析指标产生的影响
分类	连环替代法	将分析指标分解为各个可以计量的因素，并根据各个因素之间的依存关系，顺次用各因素的比较值（通常为实际值）替代基准值（通常为标准值或计划值），据以测定各因素对指标的影响
	差额计算法	利用各因素的实际数与基准值之间的差额，计算各因素对指标的影响

本考点在考试时会有以下命题形式：
（1）会给出某一背景，判断属于哪一种财务分析方法。
（2）运用因素分析法，计算各因素变动对指标的影响。

【考点2】基本财务比率的计算和分析（☆☆☆☆☆）

1. 偿债能力比率 [15、18、19、20、22年单选，14、16、21、22年多选]

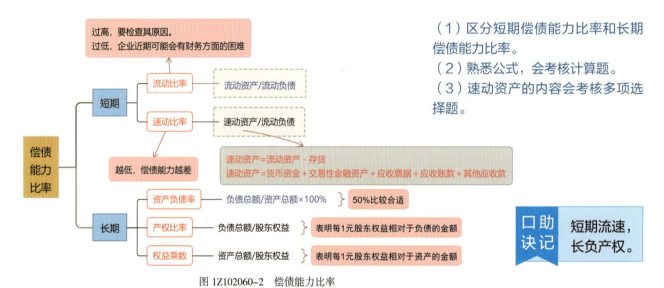

图 1Z102060-2　偿债能力比率

（1）区分短期偿债能力比率和长期偿债能力比率。
（2）熟悉公式，会考核计算题。
（3）速动资产的内容会考核多项选择题。

 短期流速，长负产权。

2. 营运能力比率 [13、17、18、20年单选，17、20年多选]

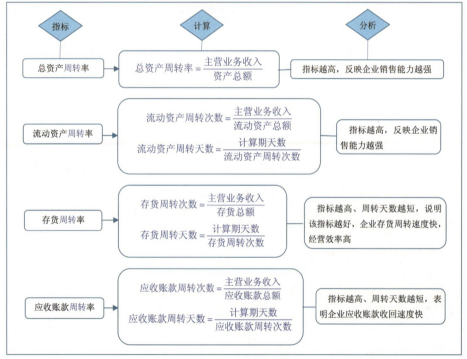

图 1Z102060-3　营运能力比率

 管理得好周转就快，关键词"周转"。

熟悉公式，会考核计算题。

3. 盈利能力比率 [13、16年单选，15、18年多选]

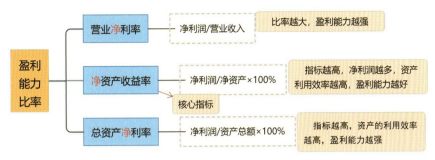

图 1Z102060-4　盈利能力比率

注意在分析企业盈利能力时，应排除以下项目：①证券买卖等非正常经营项目。②已经或将要停止的营业项目。③重大事故或法律更改等特别项目。④会计准则或财务制度变更带来的累积影响等因素。

4. 发展能力比率 [21年单选]

发展能力比率　　　　　　　　　　　表 1Z102060-3

指标	计算式	分析
营业增长率	营业增长率 = $\dfrac{\text{本期营业收入增加额}}{\text{上期营业收入总额}} \times 100\%$	（1）评价企业成长状况和发展能力的重要指标。 （2）衡量企业经营状况和市场占有能力、预测企业经营业务拓展趋势的重要标志。 （3）企业扩张资本的重要前提。 （4）指标越高，表明增长速度越快，企业市场前景越好
资本积累率	资本积累率 = $\dfrac{\text{本年度所有者权益增长额}}{\text{年初所有者权益}} \times 100\%$	（1）体现了企业资本的积累能力。 （2）是评价企业发展潜力的重要指标，也是企业扩大再生产的源泉。 （3）反映了投资者投入企业资本的保全性和增长性。 （4）指标越高，表明企业的资本积累越多，企业资本保全性越强，应付风险、持续发展的能力越大

口助诀记　积累增长就能发展。

（1）区分偿债能力比率、营运能力比率、盈利能力比率、发展能力比率，考试时可能会给出需要评价企业的某一能力，判断对应的指标。
（2）各比率指标的含义记忆的时候应抓关键词。考试时可能会考核判断正确与错误说法的题目。

5. 财务指标综合分析——杜邦财务分析体系 [15、17、22 年单选，13 年多选]

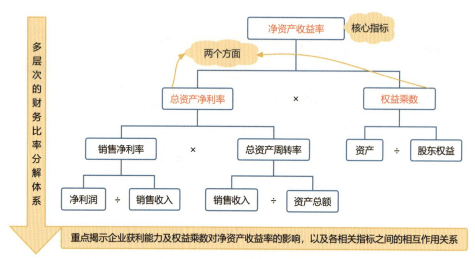

图 1Z102060-5 杜邦财务分析体系

1Z102070 筹资管理

【考点1】筹资主体（☆☆☆）

1. 企业筹资 [19、21 年单选，18 年多选]

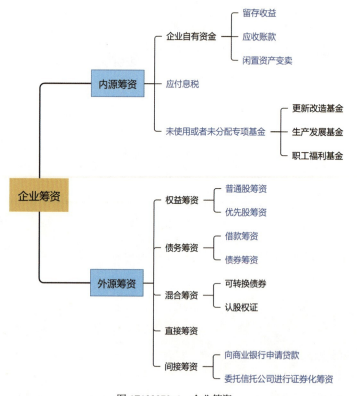

直击考点 该知识点属于记忆型知识点，要在理解的基础上准确记忆。命题形式是：考核内源筹资与外源筹资的方式。

图 1Z102070-1 企业筹资

2. 项目融资的特点 [19、22年多选]

项目融资的特点　　　　　　　　　　　　　表 1Z102070-1

特点	具体内容
以项目为主体	根据项目的预期收益、资产以及政府扶持措施的力度来安排融资，其贷款的数量、融资成本的高低以及融资结构的设计都是与项目的现金流量和资产价值直接联系在一起的
有限追索贷款	项目的贷款人可以在贷款的某个特定阶段对项目借款人实行追索，或在一个规定范围内对公私合作双方进行追索
合理分配投资风险	在项目决策阶段应尽早地确定哪些基础设施项目能够进行项目融资，并且可以在项目的初始阶段就较合理地分配项目整个生命周期中的风险，而且风险将通过项目评估时的定价而变得清晰
项目资产负债表之外的融资	通过对项目投资结构和融资结构的设计，可以帮助投资者将贷款安排为一种非公司负债性融资，使融资不需进入项目投资者资产负债表的贷款形式
灵活的信用结构	采用项目融资的项目一般具有灵活的项目结构，可以将贷款的信用支持分配到与项目有关的各个方面，提高项目的债务承受能力，减少贷款人对投资者资信和其他资产的依赖程度

该知识点考试有两种命题形式：
（1）直接考核项目融资的特点。
（2）以判断正确与错误说法的形式考核项目融资特点的具体表述。

3. 项目融资模式

◆项目融资模式包括直接融资、租赁融资、产品交付融资、BOT（建造–运营–移交）、PPP（公私合营伙伴）、ABS（资产证券化）等。

【考点2】筹资方式（☆☆☆☆☆）

1. 短期负债筹资与长期借款筹资的特点 [15年多选]

口诀助记　快弹低高、快弹低多。

图 1Z102070-2　短期负债筹资与长期借款筹资的特点

两个特点对比记忆，找不同点。在考核时二者会相互作为干扰项。

2. 短期负债筹资的方式——商业信用 [13、14、15、17、19、20年单选，20年多选]

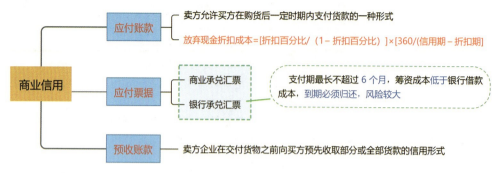

图1Z102070-3 短期负债筹资的方式——商业信用

 掌握放弃现金折扣成本的计算，会考核计算题。应付账款分为免费信用、有代价信用和展期信用，可通过下图理解：

图1Z102070-4 信用分类

3. 短期负债筹资的方式——短期借款 [16、21年单选，14年多选]

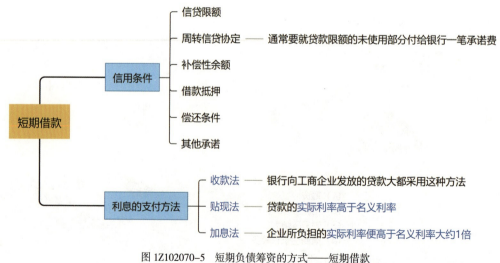

图1Z102070-5 短期负债筹资的方式——短期借款

4．长期负债筹资的方式 [21 年单选，16 年多选]

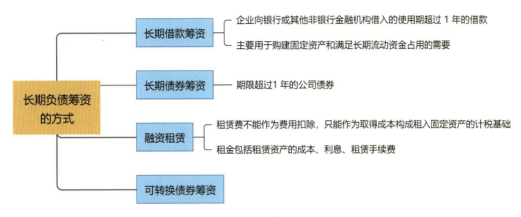

图 1Z102070-6　长期负债筹资的方式

5．长期股权筹资的方式

长期股权筹资的方式　　表 1Z102070-2

项目	内容
优先股股票筹资	（1）优先股是公司的永久性资金，公司不必考虑偿还本金，这极大地减轻了公司的财务负担。 （2）优先股的股利标准是固定的，但支付却有一定的灵活性。 （3）优先股的发行，不会改变普通股股东对公司的控制权。 （4）发行优先股能提高公司的举债能力
普通股股票筹资	（1）普通股没有到期日，不需归还，是公司的一种永久性资金。 （2）公司发行普通股后，每年分配给股东的股利，取决于公司当年的盈利水平和公司所采取的股利分配政策，因此普通股没有固定的股利负担。 （3）普通股募集的资本是公司最基本的资金来源，是公司举债的基础，并能够反映公司的实力，增强公司的举债能力。 （4）公司能成功发行普通股必须具备一定的条件，通过发行可以起到对外宣传的作用，从而扩大公司的影响，提高公司的信誉和知名度
认股权证筹资	由发行人所发行的附有特定条件的一种有价证券，它允许持有人按某一特定价格在规定的期限内购买既定数量的标的资产

【考点3】资金成本的计算与应用（☆☆☆☆☆）

1. 资金成本的内容 [18、22年单选，13年多选]

资金成本的内容　　　　　　　　　　　　　　　　　　表 1Z102070-3

资金成本	内容	关系
资金占用费	银行借款利息和债券利息	资金成本＝资金占用费/筹资净额×100% 其中，筹资净额＝筹资总额－筹资费＝筹资总额×（1－筹资费率）
筹资费用	发行债券支付的印刷费、代理发行费、律师费、公证费、广告费	

2. 资金成本的作用

◆ 选择资金来源、确定筹资方案的重要依据。
◆ 评价投资项目、比较投资方案和进行投资决策的经济标准。
◆ 评价企业经营业绩的基准。

3. 资金成本的计算 [13、14、15、16、17、19、20、22年单选，17年多选]

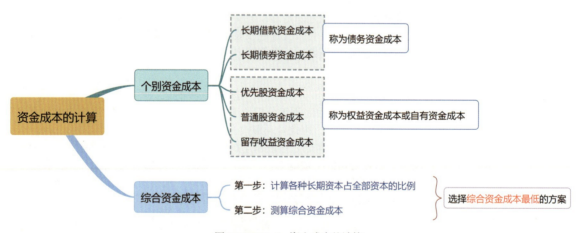

图 1Z102070-7　资金成本的计算

 在计算个别资金成本时，计算资金占用费（利息）应扣除所得税税率；在计算筹资净额时，应扣除筹资费用。

【考点4】资本结构分析与优化（☆☆☆）[18年单选]

图 1Z102070-8　资本结构分析与优化

 区分外部影响因素和内部影响因素，考试时二者相互作为干扰项。

1Z102080 流动资产财务管理

【考点1】现金和有价证券的财务管理（☆☆☆☆☆）

1. 现金管理的目标 [19年单选，13年多选]

- ◆ 现金包括：库存现金、各种形式的银行存款、银行本票、银行汇票等。
- ◆ 现金管理的目标，就是要在资产的流动性和盈利能力之间做出抉择，以获取最大的长期利益。

2. 企业置存现金的原因 [18年单选]

企业置存现金的原因　　　　　　　　　表 1Z102080-1

原因	内容
满足交易性需要	满足日常业务的现金支付需要
满足预防性需要	置存现金以防发生意外的支付
满足投机性需要	置存现金用于不寻常的购买机会

3. 现金管理的方法 [14、21年单选]

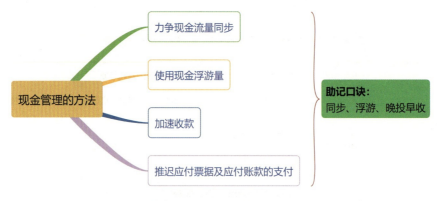

图 1Z102080-1　现金管理的方法

4. 最佳现金持有量分析 [13、15、16、17、20、22年单选，21年多选]

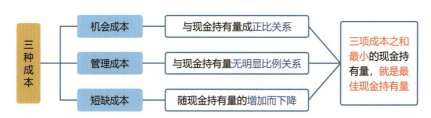

图 1Z102080-2　最佳现金持有量分析

该知识点主要考核计算题。

【考点2】应收账款的财务管理（☆☆☆）[22年多选]

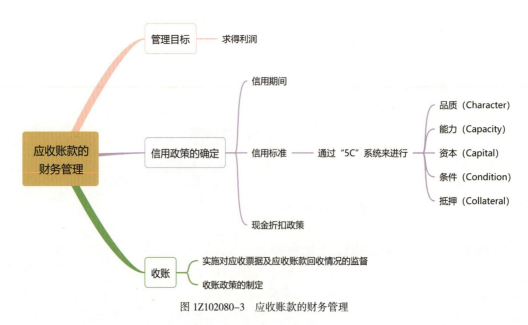

图 1Z102080-3　应收账款的财务管理

【考点3】存货的财务管理（☆☆☆☆☆）

1. 存货管理的目标 [16年单选]

> ◆存货管理的目标，就要尽力在各种存货成本与存货效益之间做出权衡，达到两者的最佳结合。

2. 储备存货的有关成本 [22年单选]

储备存货的有关成本　　　　　　　　　　表 1Z102080-2

有关成本	内容	表示
取得成本	分为订货成本和购置成本	TC_a
储存成本	包括存货占用资金所应计的利息、仓库费用、保险费用、存货破损和变质损失等	TC_c
缺货成本	包括材料供应中断造成的停工损失、产成品库存缺货造成的拖欠发货损失和丧失销售机会的损失（还应包括需要主观估计的商誉损失）	TC_s

存货的总成本 = 取得成本 + 储存成本 + 缺货成本

3. 存货决策 [13、15、17、19年单选]

> ◆经济订货量的基本模型是建立在严格的假设条件之下的一个理论模型。模型的推导结果为：
>
> $$Q^* = \sqrt{2KD/K_2}$$
>
> 式中　Q^*——经济订货量；
> 　　　K——每次订货的变动成本；
> 　　　D——存货年需要量；
> 　　　K_2——单位储存成本。

会考核计算题，但是题目比较简单。

4. 存货管理的 ABC 分析法 [14、16、18 年单选]

图 1Z102080-4　存货管理的 ABC 分析法

1Z103000 建设工程估价

1Z103010 建设项目总投资

【考点1】建设项目总投资费用项目组成（☆☆☆☆）[15、16、17、21、22年单选]

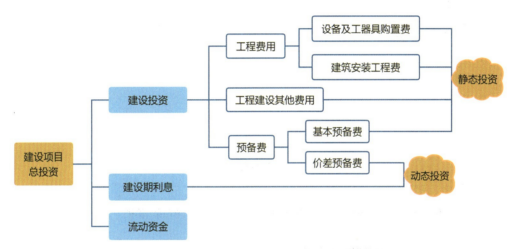

图 1Z103010-1　建设项目总投资费用项目组成

注意区分静态投资与动态投资的构成，考试时会直接考核静态投资或动态投资包括的内容，还会考核计算题目，计算比较简单。

【考点2】建筑安装工程费用项目组成（☆☆☆☆☆）

1. 按费用构成要素划分的建筑安装工程费用项目组成 [13、14、15、16、17、18、19、20、21、22年单选，13、17、22年多选]

> ◆按照费用构成要素划分，建筑安装工程费由人工费、材料（包含工程设备，下同）费、施工机具使用费、企业管理费、利润、规费和增值税组成。其中人工费、材料费、施工机具使用费、企业管理费和利润包含在分部分项工程费、措施项目费、其他项目费中。

（1）人工费

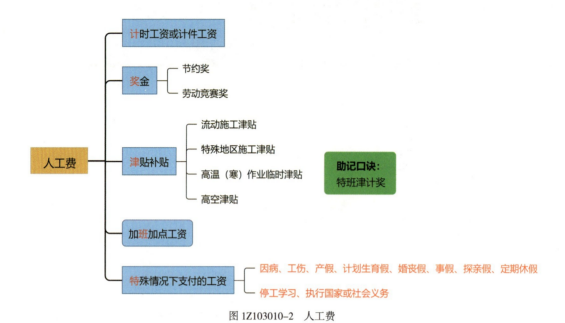

图 1Z103010-2 人工费

（2）材料费

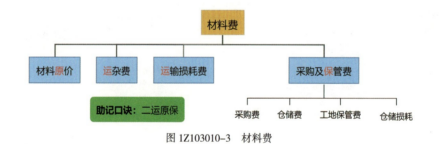

图 1Z103010-3 材料费

（3）施工机具使用费

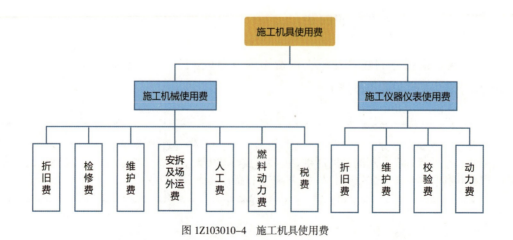

图 1Z103010-4 施工机具使用费

（4）企业管理费

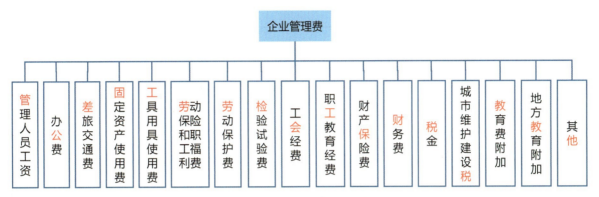

图 1Z103010-5　企业管理费

 检验雇（固）工捞（劳）财宝（保），公差管税会教他。

直击考点　检验试验费要特别注意，不包括新结构、新材料的试验费，对构件做破坏性试验及其他特殊要求检验试验的费用和建设单位委托检测机构进行检测的费用。

（5）规费

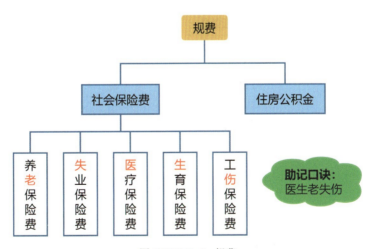

图 1Z103010-6　规费

助记口诀：
医生老失伤

 本考点一般会考核以下两种题型：
一是题干中给出具体费用内容，判断属于哪一类费用。
二是选项中给出费用内容，判断属于哪一类费用。

2. 按造价形成划分的建筑安装工程费用项目组成 [13、15、16、19、20 年单选，15、18 年多选]

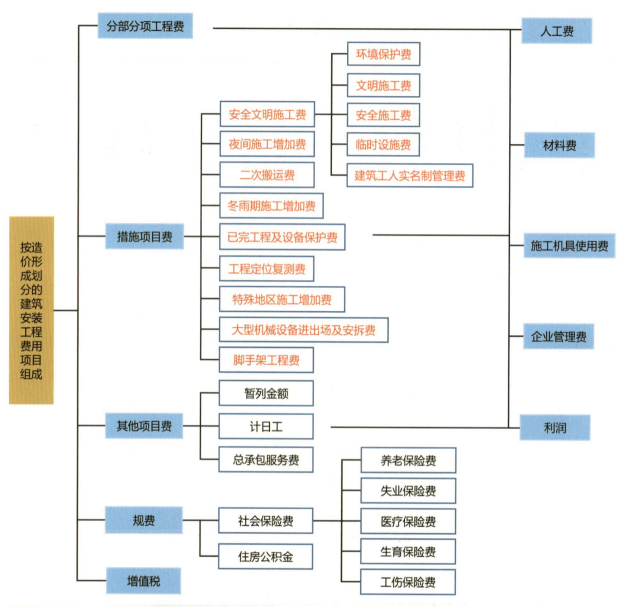

图 1Z103010-7　按造价形成划分的建筑安装工程费用项目组成

 措施项目费的构成要与施工机具使用费、企业管理费、规费的构成内容结合起来学习，这些费用互相作为干扰选项。该知识点一般会考核以下两种题型：
一是题干中给出具体费用内容，判断属于哪一类费用。
二是选项中给出费用内容，判断属于哪一类费用。

【考点3】建筑安装工程费用计算（☆☆☆☆）

1. 各费用构成要素计算方法 [14、15、16、18、19、22年单选，19、22年多选]
（1）人工费、材料费、施工机具使用费计算方法

人工费、材料费、施工机具使用费计算方法　　　　　　　　　　　表1Z103010-1

费用		计算公式	说明
人工费		人工费 = Σ（工日消耗量 × 日工资单价） 日工资单价 = $\dfrac{\text{生产工人平均月工资（计时、计件）+平均月（奖金+津贴补贴+特殊情况下支付的工资）}}{\text{年平均每月法定工作日}}$	日工资单价是指施工企业平均技术熟练程度的生产工人在每工作日（国家法定工作时间内）按规定从事施工作业应得的日工资总额。 工程造价管理机构确定日工资单价应根据工程项目的技术要求，通过市场调查，参考实物工程量人工单价综合分析确定，最低日工资单价不得低于工程所在地人力资源和社会保障部门所发布的最低工资标准的。 工程计价定额不可只列一个综合工日单价，应根据工程项目技术要求和工种差别适当划分多种日人工单价，确保各分部工程人工费的合理构成
材料费	材料费	材料费 = Σ（材料消耗量 × 材料单价） 材料单价 ={（材料原价＋运杂费）×[1+ 运输损耗率（%）]}×[1+ 采购保管费率（%）]	材料单价就是材料费的四项组成内容
	工程设备费	工程设备费 = Σ（工程设备量 × 工程设备单价） 工程设备单价 =（设备原价＋运杂费）×[1+ 采购保管费率（%）]	不考虑运输损耗率
施工机具使用费	施工机械使用费	施工机械使用费 = Σ（施工机械台班消耗量 × 机械台班单价） 机械台班单价 = 台班折旧费＋台班检修费＋台班维护费＋台班安拆费及场外运费＋台班人工费＋台班燃料动力费＋台班车船税费 ①折旧费计算公式为： 台班折旧费 = $\dfrac{\text{机械预算价格×（1－残值率）}}{\text{耐用总台班数}}$ 耐用总台班数 = 折旧年限 × 年工作台班 ②检修费计算公式如下： 台班检修费 = $\dfrac{\text{一次检修费×检修次数}}{\text{耐用总台班数}}$	台班折旧费计算利用了工作量法折旧原理
	仪器仪表使用费	仪器仪表使用费 = 工程使用的仪器仪表摊销费＋维修费	

（2）企业管理费费率的计算方法

企业管理费费率的计算方法　　　　　　表 1Z103010-2

计算基础	计算公式
以分部分项工程费为计算基础	企业管理费费率(%) = $\dfrac{生产工人年平均管理费}{年有效施工天数 \times 人工单价} \times \dfrac{人工费占分部}{分项工程费比率(\%)}$
以人工费和机械费合计为计算基础	企业管理费费率(%) = $\dfrac{生产工人年平均管理费}{年有效施工天数 \times (人工单价 + 每一工日机械使用用费)} \times 100\%$
以人工费为计算基础	企业管理费费率(%) = $\dfrac{生产工人年平均管理费}{年有效施工天数 \times 人工单价} \times 100\%$

（3）规费

> ◆ 社会保险费和住房公积金应以定额人工费为计算基础，根据工程所在地省、自治区、直辖市或行业建设主管部门规定费率计算。

 公式较多，主要掌握材料单价、台班折旧费的计算及规费的计算基础。材料费、折旧费会考核计算题，规费的计算基础是一个单项选择题采分点。

2. 建筑安装工程计价公式 [16年单选]

（1）分部分项工程费

> ◆ 分部分项工程费 = Σ（分部分项工程量 × 综合单价）
> 式中：综合单价包括人工费、材料费、施工机具使用费、企业管理费和利润以及一定范围的风险费用。

（2）措施项目费

措施项目费的计算方法　　　　　　表 1Z103010-3

项目	计算公式
可以计量的措施项目	措施项目费 = Σ（措施项目工程量 × 综合单价）
不宜计量的措施项目	（1）安全文明施工费 = 计算基数 × 安全文明施工费费率（%） 计算基数应为定额基价（定额分部分项工程费 + 定额中可以计量的措施项目费）、定额人工费或（定额人工费 + 定额机械费）。 （2）夜间施工增加费 = 计算基数 × 夜间施工增加费费率（%） （3）二次搬运费 = 计算基数 × 二次搬运费费率（%） （4）冬雨季施工增加费 = 计算基数 × 冬雨季施工增加费费率（%） （5）已完工程及设备保护费 = 计算基数 × 已完工程及设备保护费费率（%） 上述（2）~（5）项措施项目的计费基数应为定额人工费或（定额人工费 + 定额机械费）

（3）其他项目费

其他项目费的计算方法　　　　　　　　　　　　　表 1Z103010-4

项目	计算公式
暂列金额	由发包人根据工程特点，按有关计价规定估算，施工过程中由发包人掌握使用、扣除合同价款调整后如有余额，归发包人
计日工	由发包人和承包人按施工过程中的签证计价
总承包服务费	由发包人在最高投标限价中根据总包服务范围和计价规定编制，承包人投标时自主报价，施工过程中按签约合同价执行

3. 建筑安装工程计价程序 [19、22 年单选]

（1）发包人工程最高投标限价程序

发包人工程最高投标限价程序　　　　　　　　　　表 1Z103010-5

序号	内容	计算方法	金额（元）
1	分部分项工程费	按计价规定计算	
2	措施项目费	按计价规定计算	
2.1	其中：安全文明施工费	按规定标准计算	
3	其他项目费		
3.1	其中：暂列金额	按计价规定估算	
3.2	其中：专业工程暂估价	按计价规定估算	
3.3	其中：计日工	按计价规定估算	
3.4	其中：总承包服务费	按计价规定估算	
4	规费	按规定标准计算	
5	税金	税前工程造价 × 税率（或征收率）	

最高投标限价合计 =1+2+3+4+5

（2）承包人工程投标报价计价程序

承包人工程投标报价计价程序　　　　　　　　　　　　　　　　　　表 1Z103010-6

序号	内容	计算方法	金额（元）
1	分部分项工程费	自主报价	
2	措施项目费	自主报价	
2.1	其中：安全文明施工费	按规定标准计算	
3	其他项目费		
3.1	其中：暂列金额	按招标文件提供金额计列	
3.2	其中：专业工程暂估价	按招标文件提供金额计列	
3.3	其中：计日工	自主报价	
3.4	其中：总承包服务费	自主报价	
4	规费	按规定标准计算	
5	税金	税前工程造价 × 税率（或征收率）	

投标报价合计 =1+2+3+4+5

（3）竣工结算计价程序

竣工结算计价程序　　　　　　　　　　　　　　　　　　　　　　表 1Z103010-7

序号	内容	计算方法	金额（元）
1	分部分项工程费	按合同约定计算	
2	措施项目费	按合同约定计算	
2.1	其中：安全文明施工费	按规定标准计算	
3	其他项目费		
3.1	其中：专业工程结算价	按合同约定计算	
3.2	其中：计日工	按计日工签证计算	
3.3	其中：总承包服务费	按合同约定计算	
3.4	索赔与现场签证	按发承包双方确认数额计算	
4	规费	按规定标准计算	
5	税金	税前工程造价 × 税率（或征收率）	

竣工结算合计 =1+2+3+4+5

【考点4】增值税计算（☆☆☆）

1. 进项税额抵扣的规定 [18年多选]

进项税额抵扣的规定　　　　　　　　　　　　　　　　表 1Z103010-8

准予从销项税额中抵扣的进项税额	不得从销项税额中抵扣的进项税额
（1）从销售方取得的增值税专用发票上注明的增值税额。 （2）从海关取得的海关进口增值税专用缴款书上注明的增值税额。 （3）购进农产品，除取得增值税专用发票或者海关进口增值税专用缴款书外，按照农产品收购发票或者销售发票上注明的农产品买价和9%的扣除率计算的进项税额，国务院另有规定的除外。 （4）自境外单位或者个人购进劳务、服务、无形资产或者境内的不动产，从税务机关或者扣缴义务人取得的代扣代缴税款的完税凭证上注明的增值税额	（1）用于简易计税方法计税项目、免征增值税项目、集体福利或者个人消费的购进货物、劳务、服务、无形资产和不动产。 （2）非正常损失的购进货物，以及相关的劳务和交通运输服务。 （3）非正常损失的在产品、产成品所耗用的购进货物（不包括固定资产）、劳务和交通运输服务。 （4）国务院规定的其他项目

2. 建筑业增值税计算办法 [21年单选]

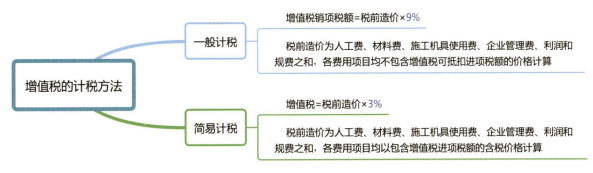

图 1Z103010-8　建筑业增值税计算办法

 准确理解两种增值税的计算方法，二者税前造价的含义不同。

【考点5】设备购置费计算（☆☆☆☆）

1. 国产标准设备原价 [17年单选，16、20年多选]

◆国产标准设备原价一般指的是设备制造厂的交货价，即出厂价。
◆如设备由设备成套公司供应，则以订货合同价为设备原价。
◆有的设备有两种出厂价，即带有备件的出厂价和不带有备件的出厂价。在计算设备原价时，一般按带有备件的出厂价计算。

2. 国产非标准设备原价计算方法

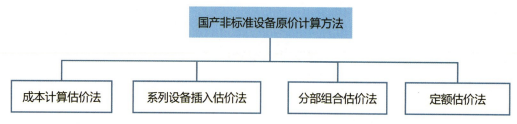

图1Z103010-9　国产非标准设备原价计算方法

3. 进口设备的交货方式

进口设备的交货方式　　　　　　　　　　　　表 1Z103010-9

交货方式	卖方责任	买方责任
内陆交货类	（1）及时提交合同规定的货物和有关凭证。 （2）承担交货前的一切费用和风险	（1）按时接受货物。 （2）交付货款。 （3）承担接货后的一切费用和风险。 （4）自行办理出口手续和装运出口
装运港交货类	（1）负责在合同规定的装运港口和规定的期限内，将货物装上买方指定的船只并及时通知买方。 （2）负责货物装船前的一切费用和风险。 （3）负责办理出口手续。 （4）提供出口国政府或有关方面签发的证件。 （5）负责提供有关装运单据	（1）负责租船或订舱，支付运费，并将船期、船名通知卖方。 （2）承担货物装船后的一切费用和风险。 （3）负责办理保险及支付保险费，办理在目的港的进口和收货手续。 （4）接受卖方提供的有关装运单据，并按合同规定支付货款
目的地交货类	这类交货价对卖方来说承担的风险较大，在国际贸易中卖方一般不愿意采用这类交货方式	—

4. 进口设备抵岸价的构成和计算 [15、18年单选]

进口设备抵岸价的构成和计算　　　　　　　　表 1Z103010-10

抵岸价构成	计算公式
货价	货价 = 离岸价（FOB价）× 人民币外汇牌价
国外运费	国外运费 = 离岸价 × 运费率 国外运费 = 运量 × 单位运价
国外运输保险费	国外运输保险费 = $\dfrac{(离岸价+国外运费)}{1-国外运输保险费率} \times 国外运输保险费率$

续表

抵岸价构成	计算公式
银行财务费	银行财务费 = 离岸价 × 人民币外汇牌价 × 银行财务费率
外贸手续费	外贸手续费 = 进口设备到岸价 × 人民币外汇牌价 × 外贸手续费率 进口设备到岸价（CIF）= 离岸价（FOB）+ 国外运费 + 国外运输保险费
进口关税	进口关税 = 到岸价 × 人民币外汇牌价 × 进口关税率
增值税	进口产品增值税额 = 组成计税价格 × 增值税率 组成计税价格 = 到岸价 × 人民币外汇牌价 + 进口关税 + 消费税
消费税	$消费税 = \dfrac{到岸价 \times 人民币外汇牌价 + 关税}{1 - 消费税率} \times 消费税率$

 该部分内容的计算公式比较多，在记忆上容易混淆，下面给考生总结一个方法，可以快速的记忆。
（1）在到岸之前会产生4个费用，它们是货价、国外运费、国外运输保险费和银行财务费（三费一价），它们的计算基数是离岸价，乘以相应费率或汇率。
（2）在到岸之后会产生4个费用，它们是外贸手续费、进口关税、增值税和消费税（三税一费），它们的计算基数是到岸价，乘以相应费率或税率。
该知识点考试时会考查四种题型：
（1）各构成费用的计算。
（2）对于公式的表述是否正确的表述题目。
（3）某项费用的计算基数。
（4）抵岸价的计算。

5. 设备运杂费的构成和计算 [15、16年单选]

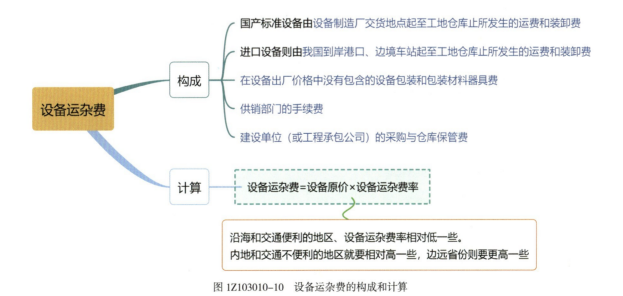

图 1Z103010-10 设备运杂费的构成和计算

【考点6】工程建设其他费用项目组成（☆☆☆☆☆）

1. 建设用地费

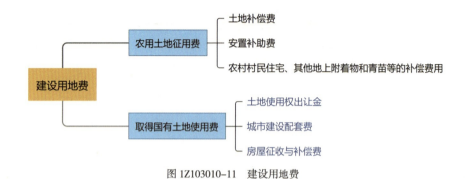

图1Z103010-11　建设用地费

2. 与项目建设有关的其他费用 [18、19、20、21年单选，14、17年多选]

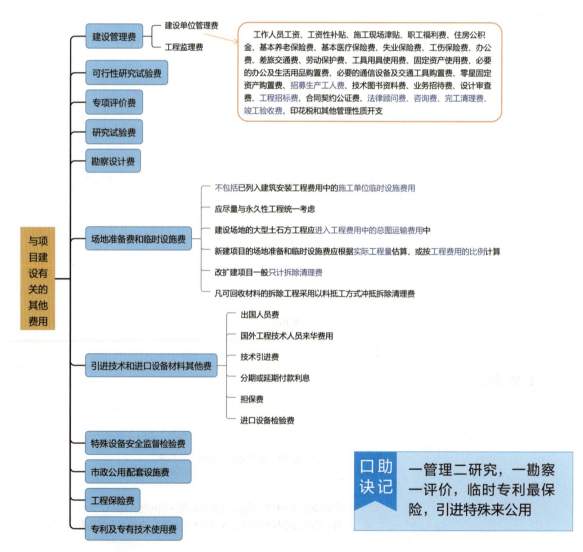

口诀助记：一管理二研究，一勘察一评价，临时专利最保险，引进特殊来公用

图1Z103010-12　与项目建设有关的其他费用

3. 与未来企业生产经营有关的其他费用 [14、16、17、19 年单选，13、21 年多选]

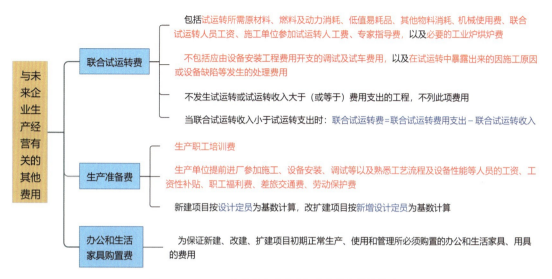

图 1Z103010-13　与未来企业生产经营有关的其他费用

 区分联合试运转费中包括的内容与不包括内容。

【考点 7】预备费计算（☆☆☆）

1. 基本预备费 [13、16、17 年单选]

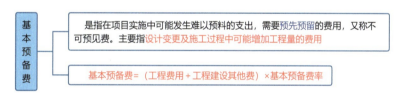

图 1Z103010-14　基本预备费

 （1）对概念的考核，可能会这样命题："某建设项目由于规范变化导致某分项工程量增加，增加的费用应从建设投资中的（　　）支出。"
（2）考核基本预备费的计算，注意计算基础中，工程费用包括建筑工程费、设备及工器具购置费。

2. 价差预备费

◆内容：包括：人工、设备、材料、施工机具的价差费，建筑安装工程费及工程建设其他费用调整、利率、汇率调整等增加的费用。
◆计算公式：

$$P=\sum_{t=1}^{n}I_{t}\left[\left(1+f\right)^{m}\left(1+f\right)^{0.5}\left(1+f\right)^{t-1}-1\right]$$

式中　P——价差预备费；
　　　n——建设期年数；
　　　I_t——建设期第 t 年的投资计划额，包括工程费用、工程建设其他费用及基本预备费；
　　　f——投资价格指数；
　　　t——建设期第 t 年；
　　　m——建设前期年限（从编制概算到开工建设年数）。

主要考核计算题，注意是以建筑安装工程费、设备工器具购置费、工程建设其他费用及基本预备费之和为计算基数。

【考点8】资金筹措费计算（☆☆☆☆）[13、14、17、18、20、22年单选]

◆建设期利息是指项目借款在建设期内发生并计入固定资产的利息。在编制投资估算时通常假定借款均在每年的年中支用，借款第一年按半年计息，其余各年份按全年计息。计算公式为：

$$Q = \sum_{j=1}^{n}(P_{j-1} + A_j/2)\,i$$

式中　Q——建设期利息；
　　　P_{j-1}——建设期第 $(j-1)$ 年末贷款累计金额与利息累计金额之和；
　　　A_j——建设期第 j 年贷款金额；
　　　i——贷款年利率；
　　　n——建设期年数。

（1）本考点在历年考试中考查的都是计算题目，题目难度不大，熟记公式。
（2）建设期利息的计算，考生在解答时应注意：①审题，看清是求利息总和还是哪一年的利息；②除第1年外，其他年利息的计算，均要将之前的本金及利息加上。

1Z103020 建设工程定额

【考点1】建设工程定额的分类（☆☆☆）

1. 建设工程定额的分类

建设工程定额的分类　　　　　　　　　　表1Z103020-1

划分标准	分类				
按生产要素内容	人工定额	材料消耗定额	施工机械台班使用定额	—	—
按编制程序和用途	施工定额	预算定额	概算定额	概算指标	投资估算指标

续表

划分标准	分类				
按编制单位和适用范围	国家定额	行业定额	地区定额	企业定额	—
按投资的费用性质	建筑工程定额	设备安装工程定额	建筑安装工程费用定额	工具、器具定额	工程建设其他费用定额

2．按编制程序和用途分类 [13、16、17、20 年单选]

按编制程序和用途分　　　　　　表 1Z103020-2

类型	施工定额	预算定额	概算定额	概算指标	投资估算指标
编制对象	同一性质的施工过程——工序	建（构）筑物分部（分项）工程	扩大的分部（分项）工程	整个建筑物和构筑物	建设项目、单项工程
用途	进行施工组织、成本管理、经济核算和投标报价的重要依据。 直接应用于施工项目的施工管理，用来编制施工作业计划、签发施工任务单、签发限额领料单，以及结算计件工资或计量奖励工资等。 编制预算定额的基础	编制概算定额的基础。 编制施工图预算的依据	编制扩大初步设计概算的依据	编制设计概算或年度投资计划的依据	编制投资估算
项目划分	最细（基础性）	细	较粗	粗	很粗
组成	人料机定额	—	包含数项预算定额	—	—
定额水平	反映技术与管理水平	—			
定额性质	生产性定额 （企业性）	计价性定额			

考核重点是施工定额与预算定额。该知识点主要考核某种定额编制对象是什么，还可能考核某种定额的主要用途。

【考点2】人工定额的编制（☆☆☆☆☆）

1. 工人工作时间消耗的分类 [16、17、18、22年单选，16、20、21年多选]

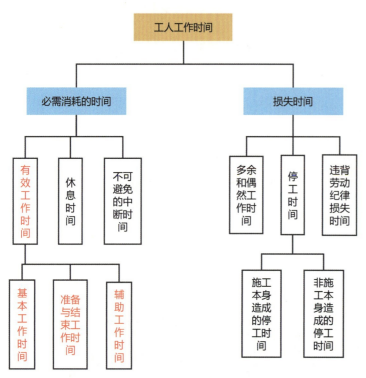

必需消耗的时间都可计入定额，而对于多余工作时间不可计入定额，偶然工作时间可以考虑，非施工本身造成的提供时间可以计入定额。考试时一般会考核以下两种题型：
（1）直接考核必需消耗的时间，经常考。
（2）判断应计入定额的时间消耗。

图 1Z103020-1　工人工作时间消耗的分类

2. 人工定额的编制 [19年单选，15年多选]

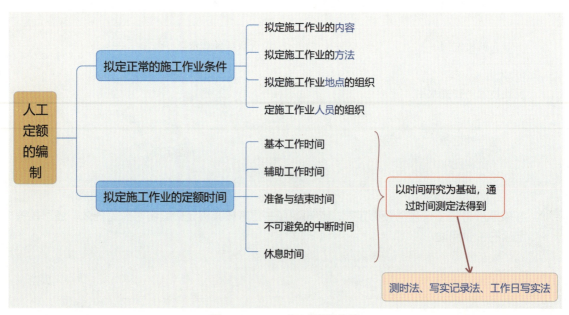

图 1Z103020-2　人工定额的编制

3. 人工定额的形式

人工定额的形式　　　　　　　　　　　　表 1Z103020-3

形式		计算公式
按表现形式	时间定额	单位产品时间定额（工日）＝$\dfrac{1}{每工日产量}$ 或 单位产品时间定额（工日）＝$\dfrac{小组成员工日数总和}{机械台班产量}$
	产量定额	产量定额＝$\dfrac{1}{时间定额}$
按定额的标定对象	单项工序定额	综合时间定额＝Σ各单项（工序）时间定额
	综合定额	综合产量定额＝$\dfrac{1}{综合时间定额（工日）}$

4. 人工定额的制定方法 [14、15 年单选]

图 1Z103020-3　人工定额的制定方法

【考点3】材料消耗定额的编制（☆☆☆）

1. 材料消耗定额指标的组成

图 1Z103020-4　材料消耗定额指标的组成

2. 材料消耗定额的编制

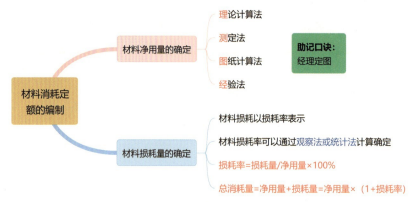

图1Z103020-5 材料消耗定额的编制

3. 周转性材料消耗定额的编制 [18年单选，17年多选]

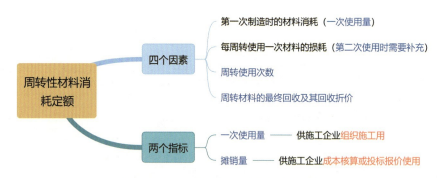

图1Z103020-6 周转性材料消耗定额的编制

4. 模板用量的计算 [16、21年单选]

模板用量的计算　　　　　　　　　　　表1Z103020-4

项目	计算公式
捣制混凝土结构木模板用量	一次使用量 = 净用量 × (1+ 操作损耗率) 周转使用量 = $\dfrac{一次使用量 \times [1+（周转次数 -1）\times 补损率]}{周转次数}$ 回收量 = $\dfrac{一次使用量 \times (1- 补损率)}{周转次数}$ 摊销量 = 周转使用量 - 回收量 × 回收折价率
预制混凝土构件的模板用量	一次使用量 = 净用量 × (1+ 操作损耗率) 摊销量 = $\dfrac{一次使用量}{周转次数}$

【考点4】施工机械台班使用定额的编制（☆☆☆☆☆）

1. 施工机械台班使用定额的形式 [13 年单选]

施工机械台班使用定额的形式　　　　　　　　　表 1Z103020-5

施工机械时间定额	机械产量定额
单位产品机械时间定额（台班）= $\dfrac{1}{台班产量}$ 单位产品机械时间定额（工日）= $\dfrac{小组成员总人数}{台班产量}$	机械台班产量定额= $\dfrac{1}{机械时间定额（台班）}$

 该知识点会考核计算题。

2. 机械工作时间消耗的分类 [14、15、16、17、20、21 年单选，13、19 年多选]

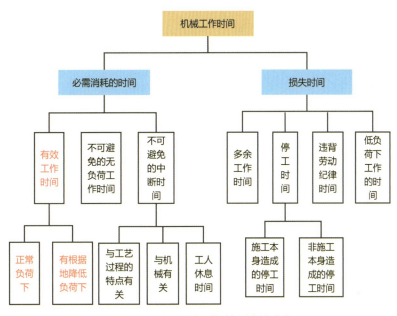

图 1Z103020-7　机械工作时间消耗的分类

 考试时一般会考核以下两种题型：
（1）直接考核必需消耗的时间，经常考。
（2）着重记忆一些实例，考试时会直接给出某一例子，判断属于哪一类。

时间消耗的判定　　　　　　　　　　　　　　表 1Z103020-6

时间消耗	时间归类
汽车运输重量轻而体积大的货物时，不能充分利用汽车的载重吨位因而不得不降低其计算负荷	有根据地降低负荷下的工作时间

081

续表

时间消耗	时间归类
筑路机在工作区末端调头	不可避免的无负荷工作时间
灰浆泵由一个工作地点转移到另一工作地点时的工作中断	与工艺过程的特点有关的不可避免中断工作时间
如工人没有及时供料而使机械空运转的时间	机械的多余工作时间
由于未及时供给机械燃料而引起的停工	施工本身造成的停工时间
暴雨时压路机的停工	非施工本身造成的停工时间
工人装车的砂石数量不足引起的汽车在降低负荷的情况下工作所延续的时间	低负荷下的工作时间

3. 机械台班使用定额的编制内容 [18年多选]

◆拟定机械工作的正常施工条件，包括工作地点的合理组织、施工机械作业方法的拟定、配合机械作业的施工小组的组织以及机械工作班制度等。
◆确定机械净工作生产率，即机械纯工作1h的正常生产率。
◆确定机械的利用系数。机械利用系数＝工作班净工作时间/机械工作班时间。
◆计算机械台班定额。施工机械台班产量定额＝机械净工作生产率 × 工作班延续时间 × 机械利用系数。
◆拟定工人小组的定额时间。工人小组定额时间＝施工机械时间定额 × 工人小组的人数。

（1）机械台班使用定额的编制内容可能会考核一道多项选择题。
（2）该知识点还会考核公式的表述题，比如："确定施工机械台班定额消耗量前需计算机械时间利用系数，其计算公式正确的是（　　）。"

【考点5】施工定额和企业定额的编制（☆☆☆）

1. 施工定额与企业定额的作用 [13年单选，22年多选]

（1）是企业计划管理的依据。表现为施工定额是企业编制施工组织设计的依据，也是企业编制施工工作计划的依据。
（2）是组织和指挥施工生产的有效工具。
（3）是计算工人劳动报酬的依据。
（4）有利于推广先进技术。
（5）是编制施工预算，加强企业成本管理和经济核算的基础

（1）是施工企业计算和确定工程施工成本的依据，是施工企业进行成本管理、经济核算的基础。
（2）是施工企业进行工程投标、编制工程投标价格的基础和主要依据。
（3）是施工企业编制施工组织设计的依据。企业定额可以应用于工程的施工管理，用于签发施工任务单、签发限额领料单以及结算计件工资或计量奖励工资等

图 1Z103020-8　施工定额与企业定额的作用

2. 施工定额的编制 [18、21年单选]

图 1Z103020-9　施工定额的编制

3. 企业定额的编制方法 [19、20、22年单选]

企业定额的编制方法　　　　　　　　　　　　表 1Z103020-7

项目	内容
确定人工、材料和机械台班的消耗量	（1）人工消耗量的确定，首先是根据企业环境，拟定正常的施工作业条件，分别计算测定基本用工和其他用工的工日数，进而拟定施工作业的定额时间。 （2）确定材料消耗量，是通过企业历史数据的统计分析、理论计算、实验试验、实地考察等方法计算确定材料包括周转材料的净用量和损耗量，从而拟定材料消耗的定额指标。 （3）机械台班消耗量的确定，同样需要按照企业的环境，拟定机械工作的正常施工条件，确定机械净工作效率和利用系数，据此拟定施工机械作业的定额台班和与机械作业相关的工人小组的定额时间
计算分项工程单价或综合单价	（1）人工价格也即劳动力价格，一般情况下就按地区劳务市场价格计算确定。 （2）材料价格按市场价格计算确定，其应是供货方将材料运至施工现场堆放地或工地仓库后的出库价格。 （3）施工机械使用价格最常用的是台班价格。应通过市场询价，根据企业和项目的具体情况计算确定

【考点6】预算定额及其基价的编制（☆☆☆☆）

1. 人工消耗量指标的确定 [13、14、19年单选，14年多选]
（1）人工消耗指标的组成

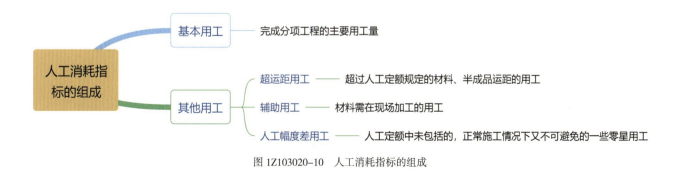

图 1Z103020-10　人工消耗指标的组成

（2）人工幅度差用工的内容

- ◆各种专业工种之间的工序搭接及土建工程与安装工程的交叉、配合中不可避免的停歇时间。
- ◆施工机械在场内单位工程之间变换位置及在施工过程中移动临时水电线路引起的临时停水、停电所发生的不可避免的间歇时间。
- ◆施工过程中水电维修用工。
- ◆隐蔽工程验收等工程质量检查影响的操作时间。
- ◆现场内单位工程之间操作地点转移影响的操作时间。
- ◆施工过程中工种之间交叉作业造成的不可避免的剔凿、修复、清理等用工。
- ◆施工过程中不可避免的直接少量零星用工。

（3）人工消耗指标的计算

图 1Z103020-11　人工消耗指标的计算

直击考点

该知识点会涉及人工幅度差用工及人工消耗量的计算，题目难度不大，根据公式带入数据即可。

2．材料耗用量指标的确定

- ◆材料耗用量指标是以材料消耗定额为基础，按预算定额的定额项目，综合材料消耗定额的相关内容，经汇总后确定。

3．机械台班消耗指标的确定

- ◆机械台班消耗指标的确定。预算定额中的施工机械消耗指标，是以台班为单位进行计算，每一台班为 8h 工作制。
- ◆预算定额中的机械台班消耗量按合理的施工方法取定并考虑增加了机械幅度差。机械幅度差的内容包括：
- （1）施工机械转移工作面及配套机械互相影响损失的时间。
- （2）在正常的施工情况下，机械施工中不可避免的工序间歇。
- （3）检查工程质量影响机械操作的时间。
- （4）临时水、电线路在施工中移动位置所发生的机械停歇时间。
- （5）工程结尾时，工作量不饱满所损失的时间。

4．预算定额基价的编制 [17 年单选]

> ◆预算定额基价就是预算定额分项工程或结构构件的单价，只包括人工费、材料费和施工机具使用费，也称工料单价。
> ◆定额基价是以一个城市或一个地区为范围进行编制，在该地区范围内适用。

【考点7】概算定额与概算指标的编制（☆☆☆）

1．概算定额的编制

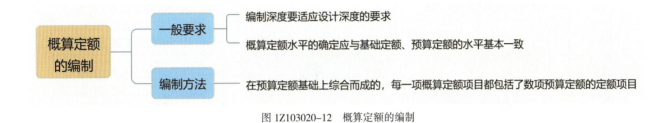

图 1Z103020-12　概算定额的编制

2．概算指标的编制

> ◆由于各种性质建设工程项目所需要的劳动力、材料和机械台班的数量不同，概算指标通常按工业建筑和民用建筑分别编制。工业建筑中又按各工业部门类别、企业大小、车间结构编制，民用建筑中又按用途性质、建筑层高、结构类别编制。

1Z103030 建设工程项目设计概算

【考点1】设计概算的内容和作用（☆☆☆）

1．设计概算的概念与分类 [13、21 年单选]

设计概算的概念与分类　　　　　　表 1Z103030-1

项目	内容
概念	设计概算是由设计单位根据初步设计（或技术设计）图纸及说明、概算定额（或概算指标）、各项费用定额或取费标准（指标）、设备、材料预算价格等资料或参照类似工程预决算文件，编制和确定的建设工程项目从筹建至竣工交付使用所需全部费用的文件
分类	设计概算可分为单位工程概算、单项工程综合概算和建设工程项目总概算三级

2. 三级概算 [16、20年单选]

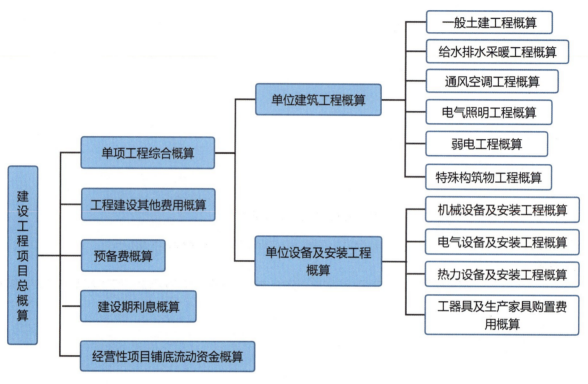

图1Z103030-1 三级概算

3. 设计概算的作用 [16年多选]

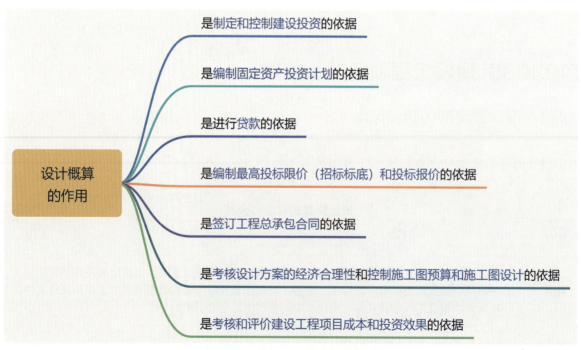

图1Z103030-2 设计概算的作用

【考点2】设计概算的编制依据、程序和步骤（☆☆☆）

1. 设计概算的编制依据

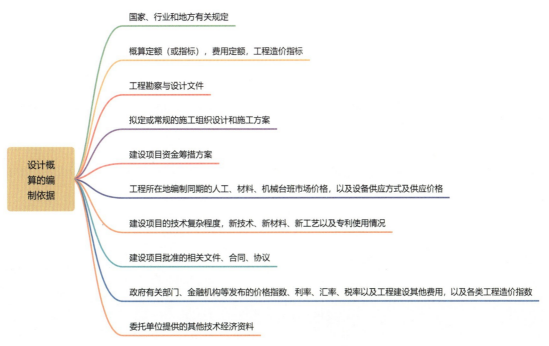

图 1Z103030-3　设计概算的编制依据

2. 设计概算编制的程序和步骤

图 1Z103030-4　设计概算编制的程序和步骤

【考点3】设计概算的编制方法（☆☆☆☆☆☆）

1. 单位工程概算的编制方法 [13、15、16、18、19、20、21、22年单选]

（1）概算定额法

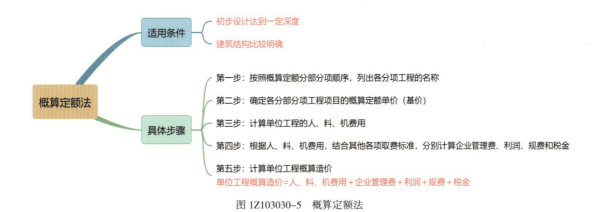

图 1Z103030-5　概算定额法

（2）概算指标法

概算指标法　　　　　　　　　表1Z103030-2

项目		内容
适用条件		当初步设计深度不够，不能准确地计算工程量，但工程设计采用的技术比较成熟而又有类似工程概算指标可以利用时
适用范围		对一般附属、辅助和服务工程等项目，以及住宅和文化福利工程项目或投资比较小、比较简单的工程项目投资概算有一定实用价值
计算	拟建工程结构特征与概算指标相同时	如果拟建工程在建设地点、结构特征、地质及自然条件、建筑面积等方面与概算指标相同或相近，就可直接套用概算指标编制概算
	拟建工程结构特征与概算指标有局部差异时	第一种：调整概算指标中的每 $1m^2$（$1m^3$）造价。计算公式为： $$结构变化修正概算指标（元/m^2）= J + Q_1 P_1 - Q_2 P_2$$ 式中　J——原概算指标； 　　　Q_1——概算指标中换入结构的工程量； 　　　Q_2——概算指标中换出结构的工程量； 　　　P_1——换入结构的人、料、机费用单价； 　　　P_2——换出结构的人、料、机费用单价。 则拟建单位工程的人、料、机费用为： 人、料、机费用 = 修正后的概算指标 × 拟建工程建筑面积（或体积） 求出人、料、机费用后，再按照规定的取费方法计算其他费用，最终得到单位工程概算价值。 第二种：调整概算指标中的人、料、机数量。计算公式为： 结构变化修正概算指标的人、料、机数量 = 原概算指标的人、料、机数量 + 换入结构件工程量 × 相应定额人、料、机消耗量 − 换出结构件工程量 × 相应定额人、料、机消耗量

（3）类似工程预算法

◆该方法适用于拟建工程初步设计与已完工程或在建工程的设计相类似且没有可用的概算指标的情况，但必须对建筑结构差异和价差进行调整。

2. 设备及安装工程概算编制方法 [13、14、16、17年单选，18、19、20、22年多选]

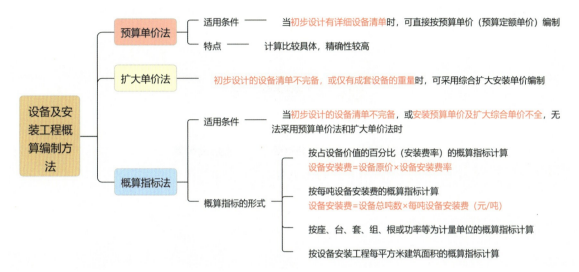

图 1Z103030-6　设备及安装工程概算编制方法

（1）单位工程概算的编制方法与设备及安装工程概算编制方法在2013—2022年连续进行考查。考生应主要注意区分建筑工程概算编制方法与单位设备及安装工程概算编制方法的相互干扰。
（2）考试时一般会有两种考试形式：①编制方法的适用条件。②考核计算题目。

3. 建设工程项目总概算的编制方法 [15、17年单选，15年多选]

图 1Z103030-7　建设工程项目总概算的编制方法

【考点4】设计概算的审查内容（☆☆☆）

1. 审查设计概算的编制依据

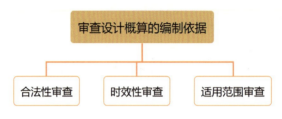

图 1Z103030-8　审查设计概算的编制依据

2. 单位工程设计概算构成的审查

图 1Z103030-9　单位工程设计概算构成的审查

3. 综合概算和总概算的审查 [15年单选]

◆审查概算的编制是否符合国家经济建设方针、政策的要求。
◆审查概算的投资规模、生产能力、设计标准、建设用地、建筑面积、主要设备、配套工程、设计定员等是否符合原批准可行性研究报告或立项批文的标准。如概算总投资超过原批准投资估算 10% 以上，应进一步审查超估算的原因。
◆审查其他具体项目：审查各项技术经济指标是否经济合理；审查费用项目是否按国家统一规定计列，具体费率或计取标准是否按国家、行业或有关部门规定计算，有无随意列项，有无多列、交叉计列和漏项等。

4. 财政部对设计概算评审的要求

◆ 项目概算应由<u>项目建设单位</u>提供，项目建设单位委托其他单位编制项目概算的，由<u>项目单位</u>确认后报送评审机构进行评审。
◆ 建筑安装工程概算评审包括对工程量计算、概算定额选用、取费及材料价格等进行评审。
◆ 对已招投标或已签订相关合同的项目进行概算评审时，应对招投标文件、过程和相关合同的合法性进行评审，并据此核定项目概算。对已开工的项目进行概算评审时，应对截止评审日的项目建设实施情况，分别按已完、在建和未建工程进行评审。

5. 设计概算审查的方法 [15、16年单选]

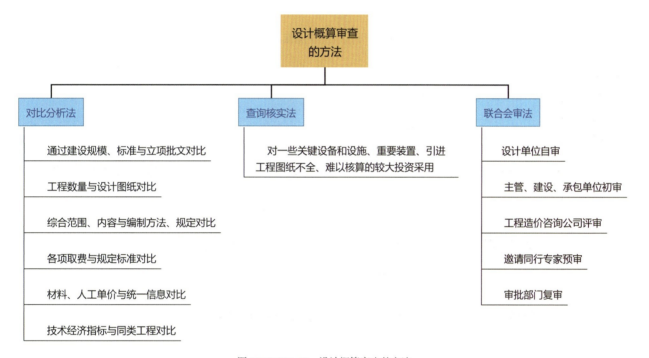

图 1Z103030-10　设计概算审查的方法

 该知识点在考核时会给出适用条件，判断采用哪种方法。

1Z103040 建设工程项目施工图预算

【考点1】施工图预算的作用（☆☆☆）[18、20年多选]

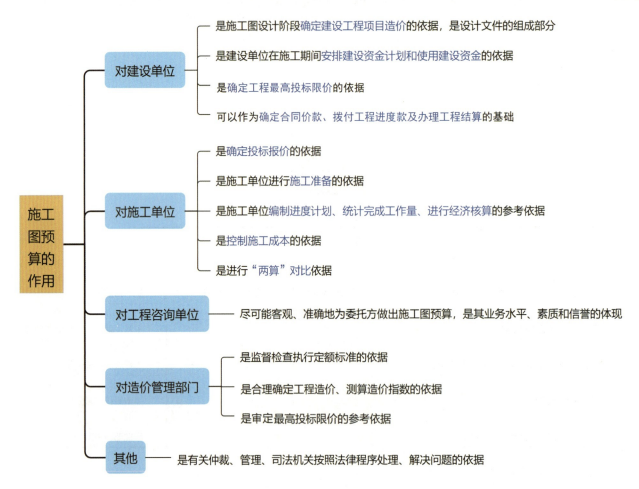

图 1Z103040-1 施工图预算的作用

本考点考试时会有两种考试形式：
（1）单独考核对建设单位或施工单位的作用，比如"施工图预算对于建设单位、施工单位的作用主要有（　　）。"
（2）以判断正确与错误说法的形式综合考核对建设单位、施工单位及其他方面的作用，比如"关于施工图预算作用的说法，正确的有（　　）。"
解答的关键是抓住单位的职责，比如招标是建设单位的职责，确定最高投标限价的依据，肯定是对建设单位的作用。

【考点 2】施工图预算的编制依据（☆☆☆）

1. 施工图预算文件的组成 [20 年单选]

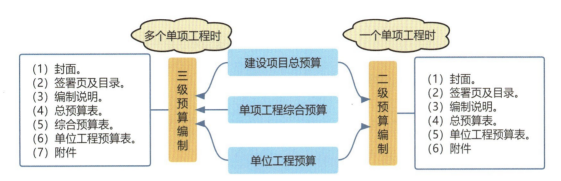

图 1Z103040-2　施工图预算文件的组成

2. 施工图预算的内容 [18 年单选]

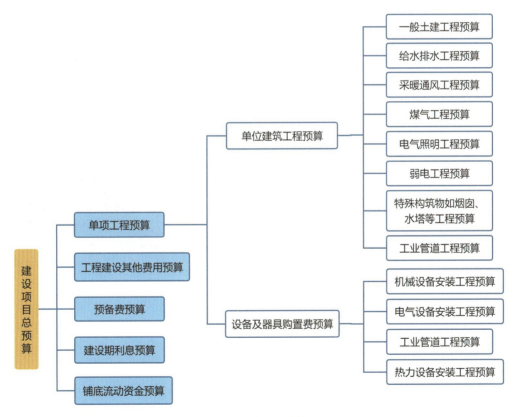

图 1Z103040-3　施工图预算的内容

 施工图预算文件的组成、编制内容与设计概算基本相同，考生可将两部分知识点一起学习。施工图预算针对的是施工图设计阶段，采用预算定额。

3．施工图预算的编制依据

◆国家、行业和地方有关规定。
◆预算定额或企业定额、单位估价表等。
◆施工图设计文件及相关标准图集和规范。
◆项目相关文件、合同、协议等。
◆工程所在地的人工、材料、设备、施工机械市场价格、工程造价指标指数等。
◆施工组织设计和施工方案。
◆项目的管理模式、发包模式及施工条件。
◆其他应提供的资料。

【考点3】施工图预算的编制方法（☆☆☆☆☆）

1．定额单价法 [13、15、17、19、20、22年单选，13年多选]

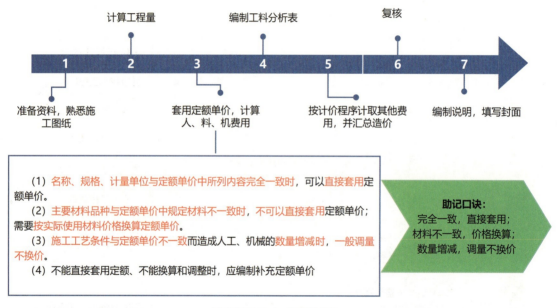

图1Z103040-4 定额单价法

 定额单价法的编制步骤会有以下两种形式，无论是哪种题型，考生需要掌握的就是其工作步骤的顺序。
（1）对其中某些工作内容进行排序的题目。
（2）判断某项工作的紧前工作或紧后工作。
在套用定额预算单价，计算人、料、机费时应注意的问题在备考复习时应特别关注，是命题者喜欢的命题素材。一般有两种命题形式：
（1）综合表述的题目，比如："关于采用定额单价法编制施工图预算时套用定额单价的说法，正确的是/有（　　）。"
（2）对其中某一项进行单独命题，比如："采用定额单价法计算工程费用时，若分项工程施工工艺条件与定额单价不一致而造成人工、机械的数量增减时，对定额的处理方法一般是（　　）。"

2. 实物量法 [14、15、18、19、22 年单选]

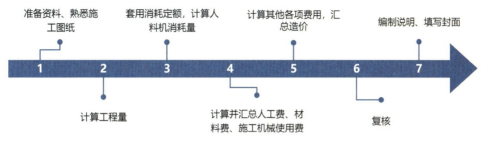

图 1Z103040-5　实物量法

 实物量法的编制步骤会有以下两种形式，无论是哪种题型，考生需要掌握的就是其工作步骤的顺序。
（1）对其中某些工作内容进行排序的题目。
（2）判断某项工作的紧前工作或紧后工作。

区分定额单价法与实物量法，二者在具体计算人工费、材料费和机械使用费及汇总三种费用之和方面有一定区别。实物量法编制施工图预算所用人工、材料和机械台班的单价都是当时当地的实际价格，适用于市场经济条件波动较大的情况。

【考点4】施工图预算的审查内容（☆☆☆☆☆）

1. 施工图预算审查的重点和主要内容 [17 年多选]

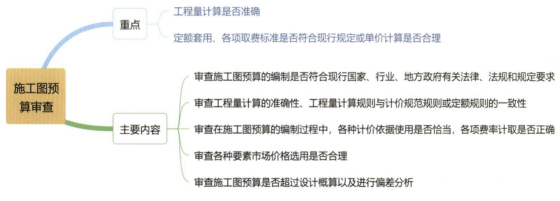

图 1Z103040-6　施工图预算审查的重点和主要内容

2. 施工图预算审查的方法 [13、14、15、16、18、19、20、21 年单选，19 年多选]

施工图预算审查的方法　　　　表 1Z103040-1

审查方法	特点	适用范围
逐项审查法 （全面审查法）	优点：全面、细致，审查质量高、效果好。 缺点：工作量大，时间较长	工程量较小、工艺比较简单的工程

续表

审查方法	特点	适用范围
标准预算审查法	优点：时间短、效果好、易定案。 缺点：适用范围小	仅适用于采用标准图纸的工程
分组计算审查法	审查速度快、工作量小	—
对比审查法	—	（1）拟建工程与已完或在建工程预算采用同一施工图，但基础部分和现场施工条件不同，则相同部分可采用对比审查法。 （2）工程设计相同，但建筑面积不同，两工程的建筑面积之比与两工程各分部分项工程量之比大体一致。此时可按分项工程量的比例，审查拟建工程各分部分项工程的工程量，或用两工程每平方米建筑面积造价、每平方米建筑面积的各分部分项工程量对比进行审查。 （3）两工程面积相同，但设计图纸不完全相同，则相同的部分，如厂房中的柱子、屋架、屋面、砖墙等，可进行工程量的对照审查。对不能对比的分部分项工程可按图纸计算
"筛选"审查法	优点：简单易懂，便于掌握，审查速度快，便于发现问题。 缺点：问题出现的原因尚需继续审查	审查住宅工程或不具备全面审查条件的工程
重点审查法	突出重点，审查时间短、效果好	审查工程量大或者造价较高的各种工程、补充定额、计取的各种费用（计费基础、取费标准）等

本考点主要考核单项选择题，命题形式有两种：
（1）给出适用范围，判断采用哪种方法。
（2）考核审查方法的特点。

1Z103050 工程量清单编制

【考点1】工程量清单的作用（☆☆☆）[21、22年单选]

图 1Z103050-1　工程量清单的作用

【考点2】工程量清单编制的方法（☆☆☆☆☆）

1. 招标工程量清单的编制主体 [13、14年单选]

◆招标工程量清单必须作为招标文件的组成部分，由招标人提供，并对其准确性和完整性负责。招标工程量清单应由具有编制能力的招标人或受其委托、具有相应资质的工程造价咨询人进行编制。

2. 招标工程量清单的编制依据 [17年单选]

◆《建设工程工程量清单计价规范》GB 50500—2013 和相关工程的国家工程量计算标准。
◆国家或省级、行业建设主管部门颁发的工程量计量计价规定。
◆建设工程设计文件及相关材料。
◆与建设工程有关的标准、规范、技术资料。
◆拟定的招标文件及相关资料。
◆施工现场情况、地勘水文资料、工程特点及常规施工方案。
◆其他相关资料。

3. 分部分项工程项目清单的编制 [13、14、15、16、17、18、19年单选，19、20、21、22年多选]

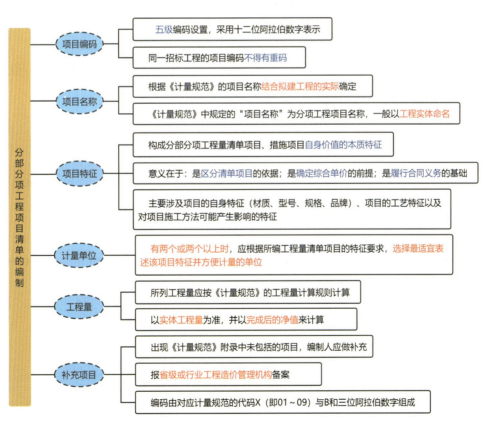

图 1Z103050-2 分部分项工程项目清单的编制

该知识点是每年必考内容,要求全面掌握。项目编码结构也应掌握,考试会给出某工程项目编码,判断五级分别代表什么码。

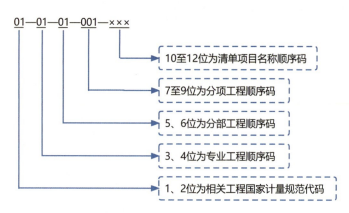

图 1Z103050-3 项目编码结构

4. 措施项目清单的编制 [13、14、18、20、22 年单选,16、20 年多选]

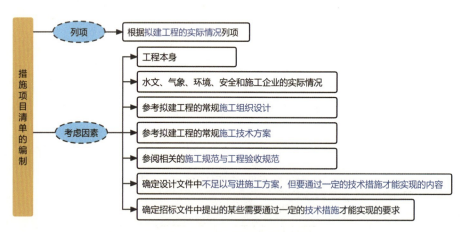

图 1Z103050-4 措施项目清单的编制

5. 其他项目清单的编制 [13、15、16、18、21、22 年单选]

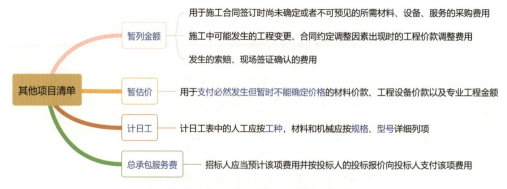

图 1Z103050-5 其他项目清单的编制

 暂列金额与暂估价的区别是:暂列金额对应的是未知事项;暂估价对应的是一定发生的事项,价格待定。

6. 规费项目清单的编制 [13、17年单选]

图 1Z103050-6　规费项目清单的编制

7. 工程量清单总说明的编制 [18、22年单选]

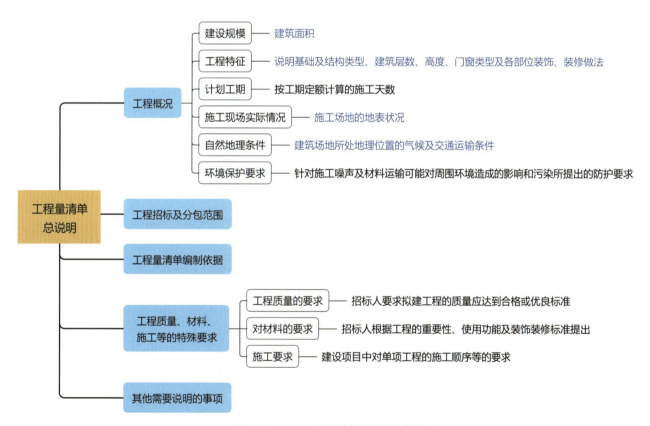

图 1Z103050-7　工程量清单总说明的编制

 本节考点内容较多，应在理解的基础上记忆。

1Z103060 工程量清单计价

【考点1】工程量清单计价的方法（☆☆☆☆☆）

1. 工程量清单的编制程序 [18年单选]

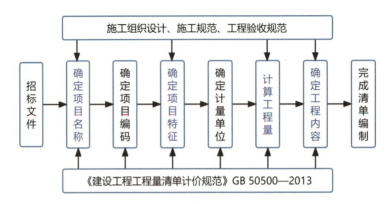

图 1Z103060-1　工程量清单的编制程序

2. 工程造价的计算 [21年单选，14、17年多选]

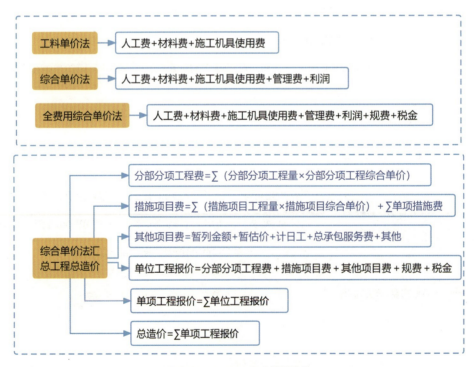

图 1Z103060-2　工程造价的计算

 该知识点会考核两种题型，一是计算题目；二是公式的表述正确与否的题目。

3. 分部分项工程费计算 [14、15、16、17、18、19、20、21、22年单选，20、21、22年多选]

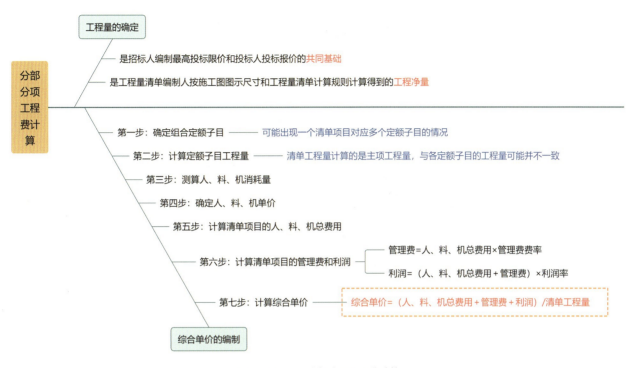

图 1Z103060-3　分部分项工程费计算

（1）综合单价的计算是考核的重点，考生应多练习。
（2）工程量清单计价的综合计价法包括了"人、料、机、管、利"五笔费用，考查计算题目时，管理费和利润一般会给出，或者是以百分比出现在题干，需要注意的是会出现"定额子目工程量"这个干扰条件。
（3）综合单价的计算步骤会有两种命题形式：一是考核编制步骤顺序的题目；二是对具体编制内容考核表述题目。

4. 措施项目费计算 [14、16、17、18、19、21、22年单选，15年多选]

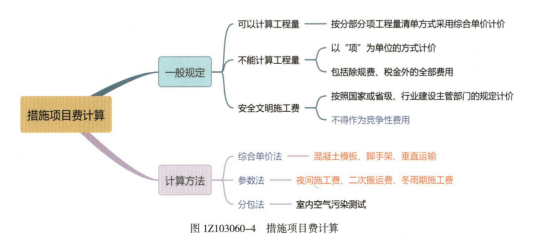

图 1Z103060-4　措施项目费计算

区分三种计算方法适用情况，考试一般会给出计算方法，判断备选项中对应的项目，或者是判断题干中项目费用采用哪种方法。

5．其他项目费计算

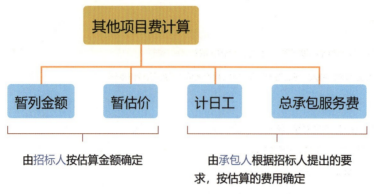

图 1Z103060-5　其他项目费计算

6．规费与税金的计算 [14、21 年单选]

> ◆规费和税金应按国家或省级、行业建设主管部门的规定计算，不得作为竞争性费用。

 记住不得作为竞争性费用即可，注意还包括安全文明施工费。

【考点 2】最高投标限价的编制方法（☆☆☆☆☆）

1．对最高投标限价的理解 [21 年单选，13、16、22 年多选]

> ◆国有资金投资的建设工程招标，招标人必须编制最高投标限价。
> ◆最高投标限价超过批准的概算时，招标人应将其报原概算审批部门审核。
> ◆投标人的投标报价高于最高投标限价的，其投标应予以拒绝。
> ◆最高投标限价应由具有编制能力的招标人或受其委托具有相应资质的工程造价咨询人编制和复核。
> ◆最高投标限价应在招标文件中公布，不应上调或下浮。
> ◆招标人应将最高投标限价及有关资料报送工程所在地工程造价管理机构备查。
> ◆最高投标限价不同于标底，无需保密。
> ◆招标人应在招标文件中如实公布最高投标限价各组成部分的详细内容。

 该知识点一般就考核判断正确与错误说法的题目。
说明：《招标投标法实施条例》中规定的最高投标限价已取代《建设工程工程量清单计价规范》GB 50500—2013 中规定的招标控制价，统一表述为最高投标限价。但在介绍《建设工程工程量清单计价规范》GB 50500—2013 中有关规定内容时，仍按照原文表述为招标控制价。

2. 最高投标限价的编制依据

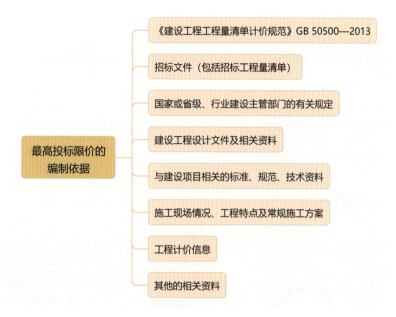

图 1Z103060-6　最高投标限价的编制依据

3. 最高投标限价的编制内容

最高投标限价的编制内容　　　　　表 1Z103060-1

项目	内容
分部分项工程费	（1）采用综合单价的方法编制。 （2）招标文件提供了暂估单价的材料，应按暂估单价计入综合单价
措施项目费	（1）可以计算工程量的措施项目，应按分部分项工程量清单的方式采用综合单价计价。 （2）其余的措施项目可以以"项"为单位的方式计价，应包括除规费、税金外的全部费用。 （3）措施项目费中的安全文明施工费应当按照国家或地方行业建设主管部门的规定标准计价
其他项目费	暂列金额	按招标工程量清单中列出的金额填写
	暂估价	（1）材料、工程设备单价、控制价应按招标工程量清单列出的单价计入综合单价。 （2）暂估价专业工程金额应按招标工程量清单中列出的金额填写
	计日工	（1）人工单价和施工机械台班单价可参考省级、行业建设主管部门或其授权的工程造价管理机构公布的单价计算。 （2）材料可参考工程造价管理机构发布的工程造价信息中的材料单价计算，工程造价信息未发布材料单价的材料，其价格应按市场调查确定的单价计算
	总承包服务费	按照省级或行业建设主管部门的规定，并根据招标文件列出的内容和要求估算
规费和税金	不得作为竞争性费用

 总承包服务费计算标准，注意区分几个数据：

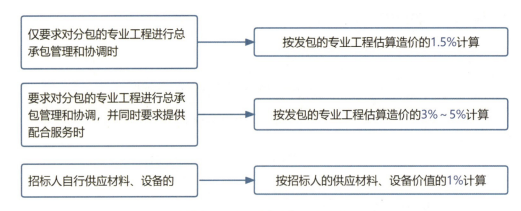

图1Z103060-7 总承包服务费计算标准

4. 最高投标限价的投诉与处理 [14、17、18、19、20、21年单选]

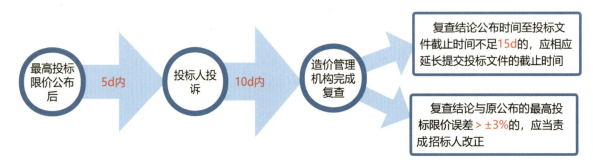

图1Z103060-8 最高投标限价的投诉与处理

【考点3】投标报价的编制方法（☆☆☆☆☆）

1. 投标报价的编制原则 [15、21年多选]

◆投标人自主确定，但必须执行《建设工程工程量清单计价规范》GB 50500—2013的强制性规定。
◆不得低于工程成本。
◆必须按招标工程量清单填报价格。
◆投标报价要以招标文件中设定的承发包双方责任划分，作为设定投标报价费用项目和费用计算的基础。不同的工程承发包模式会直接影响工程项目投标报价的费用内容和计算深度。
◆应该以施工方案、技术措施等作为投标报价计算的基本条件。
◆报价计算方法要科学严谨，简明适用。

 自主确定，不低成本（低于否决），按单填报。

 该知识点一般就考核判断正确与错误说法的题目。

2. 投标报价的编制依据 [19年多选]

- ◆《建设工程工程量清单计价规范》GB 50500—2013。
- ◆招标文件（包括招标工程量清单）及其补充通知、答疑纪要、异议澄清或修正。
- ◆建设工程设计文件及相关资料。
- ◆施工现场情况、工程特点及投标时拟定的施工组织设计或施工方案。
- ◆与建设项目相关的标准、规范等技术资料。
- ◆国家或省级、行业建设主管部门颁发的计价办法。
- ◆投标人企业定额，工程造价数据、自行调查的价格信息等。
- ◆其他的相关资料。

 招标工程量清单、最高投标限价、投标报价的编制依据对比记忆，尤其是三者的相同依据。

3. 对清单工程量复核的作用 [16年多选]

- ◆选择施工方法、安排人力和机械、准备材料必须考虑的因素。
- ◆影响分项工程的单价。

4. 投标报价的编制与审核 [13、14、15、16、17、18、19、20、22年单选，18年多选]

投标报价的编制与审核　　　　　　　表 1Z103060-2

项目	内容
单价项目	（1）若出现工程量清单特征描述与设计图纸不符时，投标人应以招标工程量清单的项目特征描述为准，确定投标报价的综合单价。若施工中施工图纸或设计变更导致项目特征与招标工程量清单项目特征描述不一致时，发承包双方应按实际施工的项目特征依据合同约定重新确定综合单价。 （2）招标文件中要求投标人承担的风险内容和范围，投标人应将其考虑到综合单价中。 （3）招标工程量清单中提供了暂估单价的材料、工程设备，按暂估的单价进入综合单价
总价项目	措施项目中的安全文明施工费应按照国家或省级、行业建设主管部门的规定计算，不作为竞争性费用
其他项目费	（1）暂列金额应按照招标工程量清单中列出的金额填写，不得变动。 （2）暂估价不得变动和更改。暂估价中的材料、工程设备必须按照暂估单价计入综合单价；专业工程暂估价必须按照招标工程量清单中列出的金额填写。 （3）计日工应按照招标工程量清单列出的项目和估算的数量，自主确定综合单价并计算计日工金额。 （4）总承包服务费应根据招标工程量列出的专业工程暂估价内容和供应材料、设备情况，按照招标人提出协调、配合与服务要求和施工现场管理需要自主确定
规费和税金	规费和税金必须按国家或省级、行业建设主管部门的规定计算，不得作为竞争性费用

续表

项目	内容
投标总价	投标人的投标总价应当与组成招标工程量清单的分部分项工程费、措施项目费、其他项目费和规费、税金的合计金额相一致，即投标人在进行工程项目工程量清单招标的投标报价时，不能进行投标总价优惠（或降价、让利），投标人对投标报价的任何优惠（或降价、让利）均应反映在相应清单项目的综合单价中

 该知识点中处处是采分点，有两个地方重复考核的概率非常高：
（1）关于工程量清单项目特征描述的内容就考核了5次，不排除今年还会考核的可能性。
（2）投标报价的编制内容经常会考核综合题目，如"关于×××的说法，正确的是（　　）。"
考生按照上述考点记忆，考试中出现这样的问题就能轻松解答了。

【考点4】合同价款的约定（☆☆☆）[17、19年单选，15年多选]

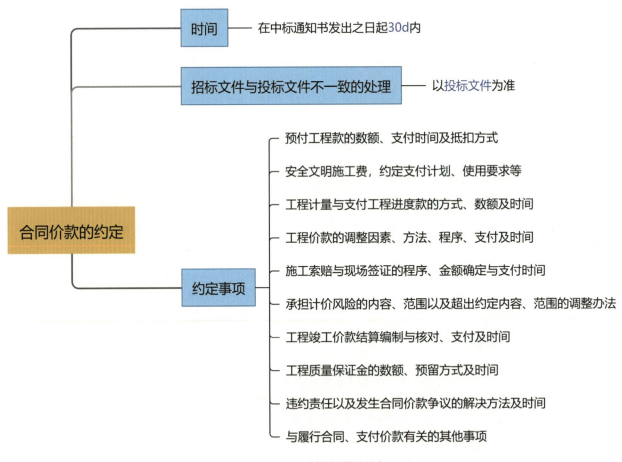

图 1Z103060-9　合同价款的约定

1Z103070 计量与支付

【考点1】工程计量（☆☆☆☆）

1. 工程计量的原则和依据 [15、18、22年单选，16年多选]

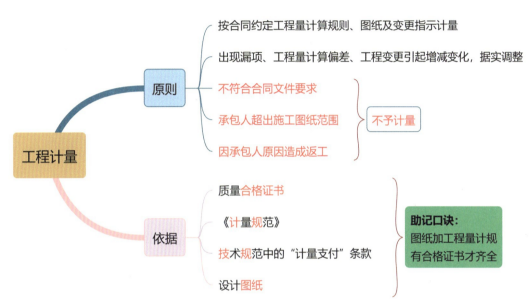

图 1Z103070-1　工程计量的原则和依据

2. 工程计量的项目

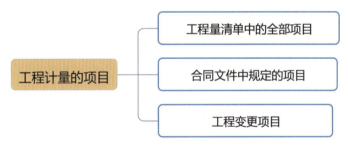

图 1Z103070-2　工程计量的项目

 该知识点会考核多项选择题，可能会设置的干扰选项有："各种原因造成返工的全部项目""超出合同工程范围施工的项目"。

3. 工程计量的方法 [21年单选]

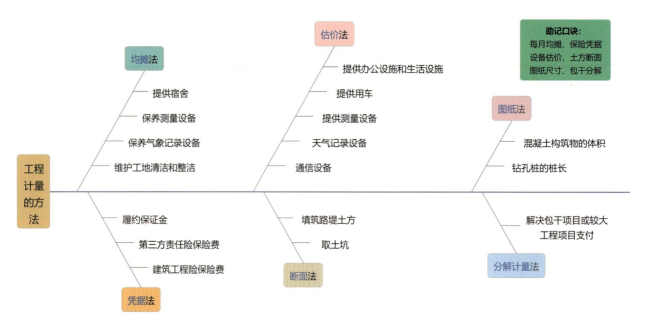

图1Z103070-3 工程计量的方法

 工程计量方法的适用情况考查有两种题型：
一是给出某项目费用，判断采用哪种计量方法。
二是选项中给出项目费用，判断计量方法。

4. 单价合同与总价合同的计量程序 [14、20、21、22年单选]

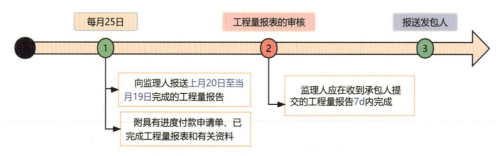

图1Z103070-4 单价合同与总价合同的计量程序

（1）单价合同与总价合同计量程序相同。
（2）掌握两个时间点："每月25日报送上月20日至当月19日已完成的工程量报告""7d"。
（3）监理人未在收到承包人提交的工程量报表后的7d内完成审核的，承包人报送的工程量报告中的工程量视为承包人实际完成的工程量，据此计算工程价款。
（4）如果监理人对工程量有异议的应采取的处理措施是：
有权要求承包人进行共同复核或抽样复测。承包人应协助监理人进行复核或抽样复测，并按监理人要求提供补充计量资料。承包人未按监理人要求参加复核或抽样复测的，监理人复核或修正的工程量视为承包人实际完成的工程量。

【考点2】合同价款调整（☆☆☆☆☆）

1. 法律法规变化 [18、20年单选]

◆基准日的确定：招标工程以投标截止日前28d，非招标工程以合同签订前28d为基准日。
◆基准日期后，法律变化导致承包人在合同履行过程中所需要的费用发生"市场价格波动引起的调整"条款约定以外的增加时，由发包人承担由此增加的费用；减少时，应从合同价格中予以扣减。
◆因承包人原因造成工期延误，在工期延误期间出现法律变化的，由此增加的费用和（或）延误的工期由承包人承担。
◆但因承包人原因导致工期延误的，且上述规定的调整时间在合同工程原定竣工时间之后，合同价款调增的不予调整，合同价款调减的予以调整。

（1）"28"会考查单项选择题，在此设置干扰选项有"14""42""56"。
（2）"投标截止日前"会与"合同签订前"互为干扰选项，也可能还会设置"招标截止日前""中标通知书发出前"等干扰选项。

2. 工程量清单缺项 [16、21年单选，15年多选]

图 1Z103070-5　工程量清单缺项

3. 工程量偏差 [13、14、16、17、19、21年单选]

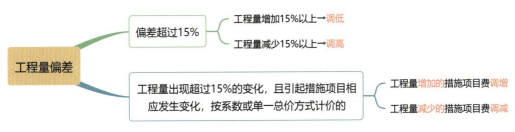

图 1Z103070-6　工程量偏差

（1）"15%"这个数据一定要牢记。
（2）工程价款的计算题目。当合同中没有约定时，工程量偏差超过15%时的调整方法，可参照如下公式：

当 $Q_1 > 1.15Q_0$ 时：$S = 1.15Q_0 \times P_0 + (Q_1 - 1.15Q_0) \times P_1$

当 $Q_1 < 0.85Q_0$ 时：$S = Q_1 \times P_1$

式中　S——调整后的某一分部分项工程费结算价；

　　　Q_1——最终完成的工程量；

　　　Q_0——招标工程量清单列出的工程量；

　　　P_1——按照最终完成工程量重新调整后的综合单价；

　　　P_0——承包人在工程量清单中填报的综合单价。

（3）还有一类计算题需要注意，就是与最高投标限价相联系的计算。

当工程量偏差项目出现承包人在工程量清单中填报的综合单价与发包人最高投标限价相应清单项目的综合单价偏差超过15%时，工程量偏差项目综合单价的调整可参考以下公式：

当 $P_0 < P_2 \times (1 - L) \times (1 - 15\%)$ 时，该类项目的综合单价：P_1 按照 $P_2 \times (1 - L) \times (1 - 15\%)$ 调整。

当 $P_0 > P_2 \times (1 + 15\%)$ 时，该类项目的综合单价：P_1 按照 $P_2 \times (1 + 15\%)$ 调整。

当 $P_0 > P_2 \times (1 - L) \times (1 - 15\%)$ 或 $P_0 < P_2 \times (1 + 15\%)$ 时，可不调整。

式中　P_0——承包人在工程量清单中填报的综合单价；

　　　P_2——发包人在最高投标限价相应项目的综合单价；

　　　L——计价规范中定义的承包人报价浮动率。

4．计日工 [15年单选]

计日工　　　　　　　　　　　　　　　　　表1Z103070-1

项目	内容
概念	承包人完成发包人提出的工程合同范围以外的零星项目或工作。发包人通知承包人以计日工方式实施的零星工作，承包人应予执行
计算	（1）需要采用计日工方式的，其价款按列入已标价工程量清单或预算书中的计日工计价项目及其单价进行计算。 （2）已标价工程量清单或预算书中无相应的计日工单价的，按照合理的成本与利润构成的原则，由合同当事人确定计日工的单价
提交的报表及相关凭证	（1）工作名称、内容和数量。 （2）投入该工作的所有人员的姓名、专业、工种、级别和耗用工时。 （3）投入该工作的材料类别和数量。 （4）投入该工作的施工设备型号、台数和耗用台时。 （5）其他有关资料和凭证

（1）计日工的计价方式会是一个单项选择题采分点。
（2）提交的报表及相关凭证可能会考核多项选择题。

5. 市场价格波动引起的调整 [16、18、19、21年单选]

（1）采用价格指数进行价格调整

◆ $\Delta P = P_0[A+(B_1 \times \frac{F_{t1}}{F_{01}} + B_2 \times \frac{F_{t2}}{F_{02}} + B_3 \times \frac{F_{t3}}{F_{03}} + \cdots + B_n \times \frac{F_{tn}}{F_{0n}}) - 1]$

式中　　　　　　　ΔP——需调整的价格差额。

P_0——约定的付款证书中承包人应得到的已完成工程量的金额。此项金额应不包括价格调整、不计质量保证金的扣留和支付、预付款的支付和扣回。约定的变更及其他金额已按现行价格计价，也不计在内。

A——定值权重（即不调部分的权重）。

B_1、B_2、B_3、$\cdots$、B_n——各可调因子的变值权重（即可调部分的权重），为各可调因子在投标函投标总报价中所占的比例。

F_{t1}、F_{t2}、F_{t3}、$\cdots$、F_{tn}——各可调因子的现行价格指数，指约定的付款证书相关周期最后一天的前42d的各可调因子的价格指数。

F_{01}、F_{02}、F_{03}、$\cdots$、F_{0n}——各可调因子的基本价格指数，指基准日期的各可调因子的价格指数。

◆ 价格调整公式中的各可调因子、定值和变值权重，以及基本价格指数及其来源在投标函附录价格指数和权重表中约定。

◆ 因承包人原因导致工期延误的，计划进度日期后续工程的价格，应采用计划进度日期与实际进度日期两个价格指数中较低的一个作为现行价格指数。

该知识点有两种命题形式：一是计算题目，如果在题目中明确了"约定采用价格指数及价格调整公式调整价格差额"，我们就可以直接套用该公式；二是根据题干中的条件，判断延误责任采用的价格指数。

（2）采用造价信息进行价格调整

◆ 人工单价发生变化且符合省级或行业建设主管部门发布的人工费调整规定，合同当事人应按省级或行业建设主管部门或其授权的工程造价管理机构发布的人工费等文件调整合同价格，但承包人对人工费或人工单价的报价高于发布价格的除外。

◆ 材料、工程设备价格变化的价款调整按照发包人提供的基准价格，由发承包双方约定的风险范围按以下规定调整合同价款：

材料、工程设备价格变化的价款调整　　表1Z103070-2

条件	材料单价	计算基础	调整
已标价工程量清单或预算书中载明材料单价＜基准单价	跌幅	以载明的材料单价为基础超过5%时	超过部分据实调整
	涨幅	以基准价格为基础超过5%时	
已标价工程量清单或预算书中载明材料单价＞基准单价	跌幅	以基准价格为基础超过5%时	
	涨幅	以载明的材料单价为基础超过5%时	
已标价工程量清单或预算书中载明材料单价＝基准单价	跌幅或涨幅	以基准价格为基础超过±5%时	

◆施工机械台班单价或施工机械使用费发生变化超过省级或行业建设主管部门或其授权的工程造价管理机构规定的范围时，按其规定调整合同价款。

 材料单价＜基准单价：涨幅以低为基础，跌幅以高为基础，超过部分据实调整。
材料单价＞基准单价：涨幅以高为基础，跌幅以低为基础，超过部分据实调整。

 上表中内容会考核单项选择题，判断是以基准价格为基础还是材料单价为基础。

6．暂估价 [15、19 年单选]

◆暂估材料或工程设备的单价确定后，在综合单价中只应取代原暂估单价，不应再在综合单价中涉及企业管理费或利润等其他费的变动。

7．不可抗力后果的承担 [19、20、22 年单选，21 年多选]

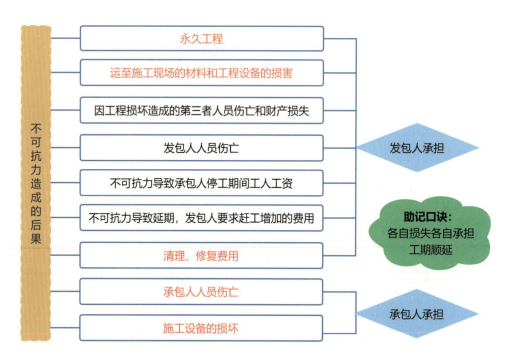

图 1Z103070-7　不可抗力后果的承担

 该知识点在考试有两种命题形式：
（1）判断备选项中给出因不抗力造成的损失，判断是由发包人承担还是承包人承担。
（2）题干中给出不可抗力造成的损失，计算监理机构批准的索赔金额。

8. 提前竣工（赶工补偿）[15、16、17、18、20、22年单选]

◆ 工程发包时，招标人应当依据相关工程的工期定额合理计算工期，压缩的工期天数不得超过定额工期的 20%，将其量化。超过者，应在招标文件中明示增加赶工费用。
◆ 工程实施过程中，发包人要求合同工程提前竣工的，应征得承包人同意后与承包人商定采取加快工程进度的措施，并应修订合同工程进度计划。发包人应承担承包人由此增加的提前竣工（赶工补偿）费用。
◆ 发承包双方应在合同中约定提前竣工每日历天应补偿额度，此项费用应作为增加合同价款列入竣工结算文件中，应与结算款一并支付。
◆ 赶工费用主要包括：人工费的增加；材料费的增加；机械费的增加。

（1）"20%"会作为采分点考查单项选择题，可能设置的干扰选项有："5%""10%""15%"。
（2）"征得承包人同意"处可能会设置陷阱。
（3）赶工费用的承担是发包人，这是单项选择题采分点。
（4）赶工费用包括的内容可能会考查多项选择题。

9. 暂列金额 [20、21年单选]

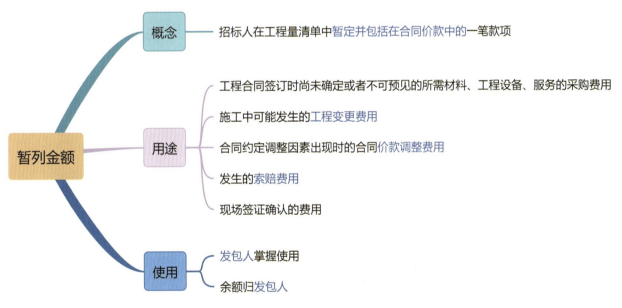

图 1Z103070-8　暂列金额

（1）首先暂列金额的用途可能会考核一道多项选择题。
（2）暂列金额的使用与余额归属都是发包人，这是一个单项选择题采分点。

【考点3】工程变更价款的确定（☆☆☆☆）

1. 变更的范围 [18年多选]

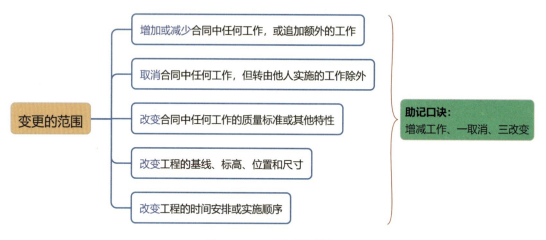

图 1Z103070-9　变更的范围

 该知识点可能会这样命题："下列事项应纳入工程变更范围的有（　　）。"

2. 变更程序

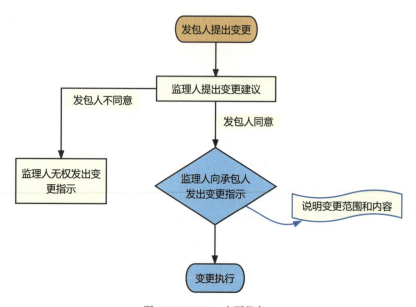

图 1Z103070-10　变更程序

（1）变更程序中，承包人和发包人不直接联系，都是通过监理人。牢记一点：变更指示均通过监理人发出，要征得发包人同意。
（2）时间要求上，申请都是 14d，审批都是 7d。

3. 变更估价原则及程序 [20、21、22 年单选]

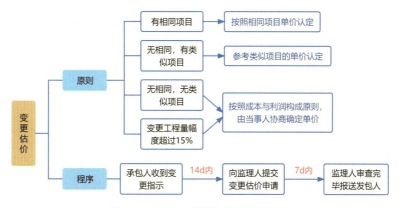

图 1Z103070-11　变更估价原则及程序

4. 措施项目费的调整 [15、18 年单选，15、20 年多选]

图 1Z103070-12　措施项目费的调整

（1）首先应清楚，不管是由于什么原因提出调整措施项目费的，承包人都应事先将实施方案报发包人确认。
（2）措施项目费的调整一般会考核判断正确与错误说法的题目。
（3）浮动率会考核计算题，注意是题干是招标工程还是非招标工程。

5. 工程变更价款调整方法的应用 [17 年单选]

◆直接采用适用的项目单价的前提是其采用的材料、施工工艺和方法相同，也不因此增加关键线路上工程的施工时间。
◆采用适用的项目单价的前提是其采用的材料、施工工艺和方法基本类似，不增加关键线路上工程的施工时间，可仅就其变更后的差异部分，参考类似的项目单价由承发包双方协商新的项目单价。
◆无法找到适用和类似的项目单价时，应采用招投标时的基础资料和工程造价管理机构发布的信息价格，按成本加利润的原则由发承包双方协商新的综合单价。
◆无法找到适用和类似的项目单价、工程造价管理机构也没有发布此类信息价格，由发承包双方协商确定。

【考点4】施工索赔与现场签证（☆☆☆☆）

1. 索赔的成立条件

图1Z103070-13 索赔的成立条件

2. 承包人索赔 [21年多选]

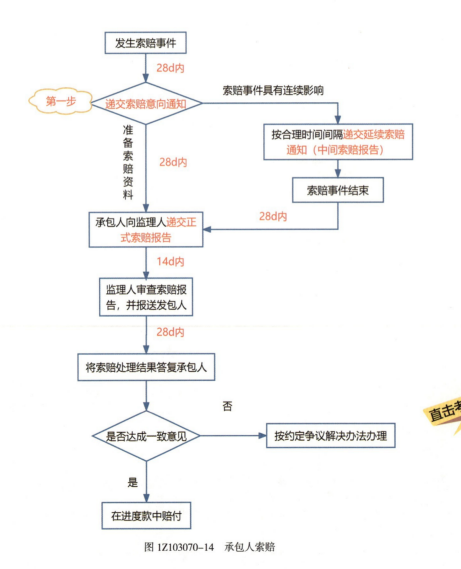

图1Z103070-14 承包人索赔

直击考点
（1）注意上述数据，可能会考核单项选择题。
（2）区分索赔意向通知书、延续索赔通知、正式索赔报告的递交时间及情形。

3．发包人的索赔

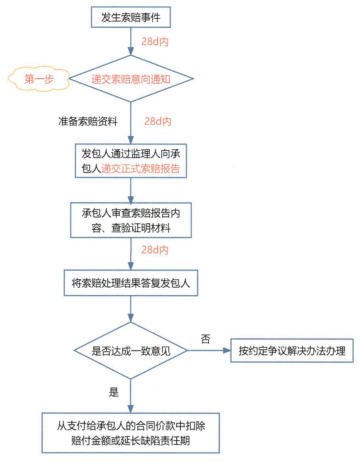

图 1Z103070-15　发包人的索赔

4．提出索赔的期限 [17年单选]

◆承包人按"竣工结算审核"条款约定接收竣工付款证书后，应被视为已无权再提出在工程接收证书颁发前所发生的任何索赔。
◆承包人按"最终结清"条款提交的最终结清申请单中，只限于提出工程接收证书颁发后发生的索赔。提出索赔的期限自接受最终结清证书时终止。

5．索赔费用的组成 [16、19、20年单选]

索赔费用的组成　　　　　　　　　　　　　　　表 1Z103070-3

项目	内容	
人工费	增加工作内容	计日工费
	停工损失费和工作效率降低的损失费	窝工费

续表

项目	内容		
设备费	工作内容增加	机械台班费	
	窝工	施工企业自有	机械折旧费
		外部租赁	设备租赁费
材料费	包括索赔事件引起的材料用量增加、材料价格大幅度上涨、非承包人原因造成的工期延误而引起的材料价格上涨和材料超期存储费用		
管理费	分为现场管理费和企业管理费		
利润	工程范围、工作内容变更等引起的索赔可按原报价单中的利润百分率计算		
延迟付款利息	发包人未按约定时间进行付款的		

（1）关于人工费、材料费索赔内容可以这样命题："在建设工程施工索赔中，可索赔的合理人工费、材料费包括（　　）。"
在考查材料费时经常会出现的干扰选项是：承包人管理不善造成损失的材料费。考试时不会将其他索赔费用的内容相互作为干扰选项。
（2）计算题目的考核，一般会考核人工费、施工机具使用费的索赔费用。
（3）设备窝工费的考核，注意区分是自有还是租赁。

6.《标准施工招标文件》中承包人索赔可引用的条款 [13、17、21年单选，14、17、19、22年多选]

《标准施工招标文件》中承包人索赔可引用的条款　　表 1Z103070-4

主要内容	可补偿费用		
	工期	费用	利润
提供图纸延误	√	√	√
延迟提供施工场地	√	√	√
发包人提供材料和工程设备不符合合同要求	√	√	√
发包人的原因造成工期延误	√	√	√
发包人原因引起的暂停施工	√	√	√
发包人原因引起造成暂停施工后无法按时复工	√	√	√
发包人原因造成工程质量达不到合同约定验收标准的	√	√	√
监理人对隐蔽工程重新检查，经检验证明工程质量符合合同要求的	√	√	√
因发包人提供的材料、工程设备造成工程不合格	√	√	√
承包人应监理人要求对材料、工程设备和工程重新检验且检验结果合格	√	√	√
发包人在全部工程竣工前，使用已接收的单位工程导致承包人费用增加的	√	√	√

续表

主要内容	可补偿费用		
	工期	费用	利润
因发包人违约导致承包人暂停施工	√	√	√
施工过程发现文物、古迹以及其他遗迹、化石、钱币或物品	√	√	
承包人遇到不利物质条件	√	√	
发包人提供资料错误导致承包人的返工或造成工程损失	√	√	
不可抗力	√	√（部分）	
发包人要求承包人提前竣工		√	√
发包人的原因导致工程试运行失败		√	√
发包人原因导致的工程缺陷和损失		√	√
异常恶劣的气候条件	√		
发包人要求承包人提前交付材料和工程设备		√	
采取合同未约定的安全作业环境及安全施工措施		√	
因发包人原因造成承包人人员工伤事故		√	
基准日后法律变化引起的价格调整		√	
工程移交后因发包人原因出现的缺陷修复后的试验和试运行		√	

（1）只可索赔工期，只可索赔费用，只可索赔工期和费用，只可索赔费用和利润，可索赔工期，可索赔费用，可索赔利润的索赔事件互相作为干扰选项。
（2）关于合理补偿承包人索赔条款在考核时还会有三种命题形式：
一是关于合理补偿承包人索赔表述的题目。
二是根据《标准施工招标文件》，判断导致承包人成本增加的情形中，可以补偿承包人工期、费用和利润的情形。
三是计算题目，这类型题目主要就是根据《标准施工招标文件》中的合同条款分析题干中的条件是否索赔费用。
索赔计算是共性考点，《专业实务》科目中经常会结合合同责任、进度计划一起考查，应重点学习。对于不可抗力的索赔要特别关注。
1）责任的判断

责任的判断　　　　　　　　　　　　　　　表1Z103070-5

索赔类型	业主或第三方原因	承包商原因	不可抗力
工期索赔	√	×	√
费用索赔	√	×	各自分担

2）工期索赔的注意事项
工期索赔是否成立，主要看该工作的总时差，延误的时间小于总时差时，索赔不成立；延误的时间大于总时差，索赔工期为延误时间减去总时差。

7．索赔费用的计算方法

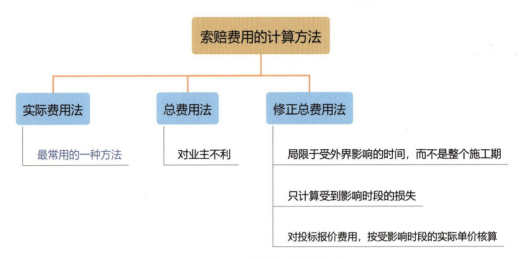

图 1Z103070-16　索赔费用的计算方法

8．现场签证的范围

图 1Z103070-17　现场签证的范围

9．现场签证的程序

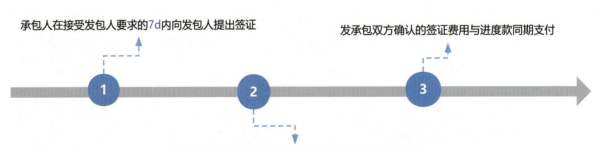

图 1Z103070-18　现场签证的程序

【考点5】预付款及期中支付（☆☆☆）

1. 《关于完善建设工程价款结算有关办法的通知》的规定

> ◆提高建设工程进度款支付比例。政府机关、事业单位、国有企业建设工程进度款支付应不低于已完成工程价款的 80%。在结算过程中，若发生进度款支付超出实际已完成工程价款的情况，承包单位应按规定在结算后 30 日内向发包单位返还多收到的工程进度款。
> ◆当年开工、当年不能竣工的新开工项目可以推行过程结算。

2. 保障农民工工资支付的规定 [21年单选，22年多选]

保障农民工工资支付的规定　　　　　　　　　　　　　　表 1Z103070-6

项目	保障农民工工资支付的规定
《保障农民工工资支付条例》规定	（1）农民工有按时足额获得工资的权利。 （2）农民工工资应当以货币形式，通过银行转账或者现金支付给农民工本人，不得以实物或者有价证券等其他形式替代。 （3）建设单位应当有满足施工所需要的资金安排。 （4）建设单位应当向施工单位提供工程款支付担保。人工费用拨付周期不得超过 1 个月。 （5）施工总承包单位与分包单位依法订立书面分包合同，应当约定工程款计量周期、工程款进度结算办法。 （6）施工总承包单位应当按照有关规定开设农民工工资专用账户，专项用于支付该工程建设项目农民工工资。 （7）金融机构应当优化农民工工资专用账户开设服务流程，做好农民工工资专用账户的日常管理工作；发现资金未按约定拨付等情况的，及时通知施工总承包单位，由施工总承包单位报告人力资源社会保障行政部门和相关行业工程建设主管部门，并纳入欠薪预警系统。 （8）施工总承包单位或者分包单位应当依法与所招用的农民工订立劳动合同并进行用工实名登记，具备条件的行业应当通过相应的管理服务信息平台进行用工实名登记、管理。施工总承包单位、分包单位应当建立用工管理台账，并保存至工程完工且工资全部结清后至少 3 年。 （9）建设单位应当按照合同约定及时拨付工程款，并将人工费用及时足额拨付至农民工工资专用账户，加强对施工总承包单位按时足额支付农民工工资的监督。因建设单位未按照合同约定及时拨付工程款导致农民工工资拖欠的，建设单位应当以未结清的工程款为限先行垫付被拖欠的农民工工资。 （10）分包单位对所招用农民工的实名制管理和工资支付负直接责任。分包单位拖欠农民工工资的，由施工总承包单位先行清偿，再依法进行追偿。工程建设项目转包，拖欠农民工工资的，由施工总承包单位先行清偿，再依法进行追偿。 （11）工程建设领域推行分包单位农民工工资委托施工总承包单位代发制度。 （12）施工总承包单位应当按照有关规定存储工资保证金，专项用于支付为所承包工程提供劳动的农民工被拖欠的工资。 （13）除法律另有规定外，农民工工资专用账户资金和工资保证金不得因支付为本项目提供劳动的农民工工资之外的原因被查封、冻结或者划拨。 （14）施工总承包单位应当在施工现场醒目位置设立维权信息告示牌。

续表

项目	保障农民工工资支付的规定
《保障农民工工资支付条例》规定	（15）建设单位与施工总承包单位或者承包单位与分包单位因工程数量、质量、造价等产生争议的，建设单位不得因争议不按照本条例的规定拨付工程款中的人工费用，施工总承包单位也不得因争议不按照规定代发工资。 （16）建设单位或者施工总承包单位将建设工程发包或者分包给个人或者不具备合法经营资格的单位，导致拖欠农民工工资的，由建设单位或者施工总承包单位清偿。施工单位允许其他单位和个人以施工单位的名义对外承揽建设工程，导致拖欠农民工工资的，由施工单位清偿。 （17）工程建设项目违反国土空间规划、工程建设等法律法规，导致拖欠农民工工资的，由建设单位清偿
《工程建设领域农民工工资专用账户管理暂行办法》规定	（1）专用账户按工程建设项目开立。 （2）工程建设领域总包单位对农民工工资支付负总责，推行分包单位农民工工资委托总包单位代发制度。工程建设项目施行总包代发制度的，总包单位与分包单位签订委托工资支付协议。 （3）农民工工资卡实行一人一卡、本人持卡，用人单位或者其他人员不得以任何理由扣押或者变相扣押。总包单位应当将专用账户有关资料、用工管理台账等妥善保存，至少保存至工程完工且工资全部结清后3年

 该知识点一般会以判断正确与错误说法的题目考核。

3．预付款的支付、担保与抵扣 [21、22年单选]

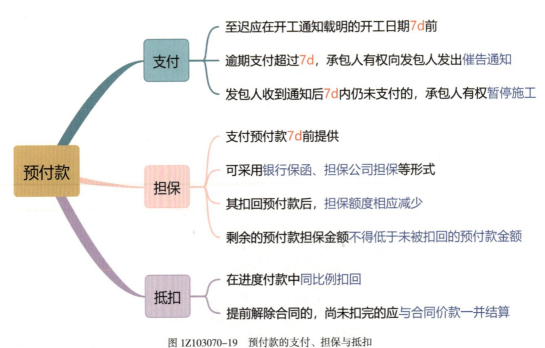

图1Z103070-19　预付款的支付、担保与抵扣

 注意该知识点中出现的数据均为"7d"；预付款担保的形式可能会考查多项选择题。

4. 安全文明施工费 [20年单选]

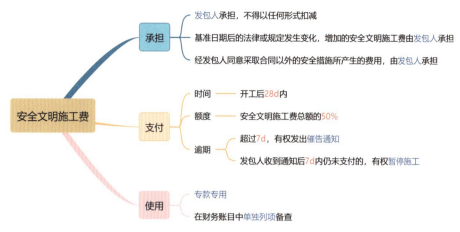

图 1Z103070-20　安全文明施工费

（1）安全文明施工费的承担是发包人，在设置干扰选项时，会设置为承包人。
（2）支付时间、金额会考核单项选择题。

5. 工程进度款支付 [15、18年单选]

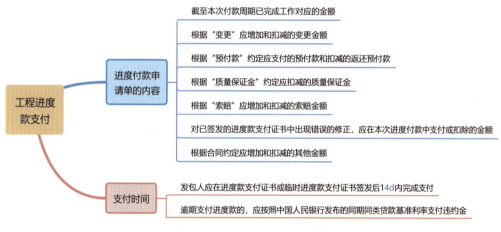

图 1Z103070-21　工程进度款支付

【考点6】竣工结算与支付（☆☆☆）

1. 工程竣工结算书编制与核对 [19年单选]

图 1Z103070-22　工程竣工结算书编制与核对

2. 竣工结算的依据

- ◆《建设工程工程量清单计价规范》GB 50500—2013。
- ◆ 工程施工合同及补充协议。
- ◆ 发承包双方已确认的施工过程结算价款。
- ◆ 发承包双方实施过程中已确认的施工过程结算价款。
- ◆ 发承包双方实施过程中已确认调整后追加（减）的合同价款。
- ◆ 建设工程设计文件及相关资料。
- ◆ 工程招投标文件。
- ◆ 其他依据。

3. 竣工结算的计算方法

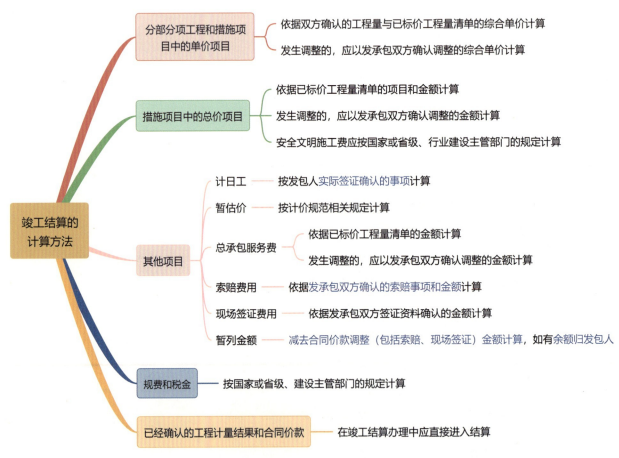

图 1Z103070-23 竣工结算的计算方法

 竣工结算的计价原则如果考核的话会是判断正确与错误说法的综合题目。

4. 竣工结算的审查 [18年单选]

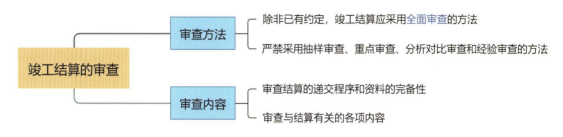

图1Z103070-24 竣工结算的审查

5. 竣工结算款支付

竣工结算款支付 表1Z103070-7

项目	内容
承包人提交竣工结算款支付申请	除专用合同条款另有约定外，竣工结算申请单应包括：竣工结算合同价格；发包人已支付承包人的款项；应扣留的质量保证金，已缴纳履约保证金的或提供其他工程质量担保方式的除外；发包人应支付承包人的合同价款
发包人签发竣工结算支付证书与支付结算款	发包人在收到承包人提交竣工结算申请单后28d内未完成审批且未提出异议的，视为发包人认可承包人提交的竣工结算申请单，并自发包人收到承包人提交的竣工结算申请单后第29天起视为已签发竣工付款证书。 除专用合同条款另有约定外，发包人应在签发竣工付款证书后的14d内，完成对承包人的竣工付款

 竣工结算申请单的内容是一个多项选择题采分点。

6. 最终结清 [19年单选]

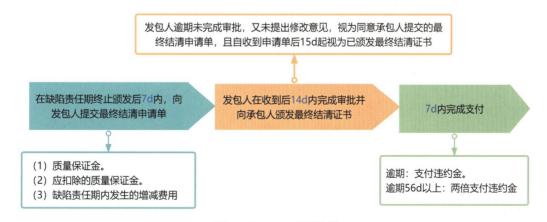

图1Z103070-25 最终结清

 注意几个时间数据。

【考点 7】质量保证金的处理（☆☆☆☆）

1. 质量保证金的提供与扣留 [20 年单选]

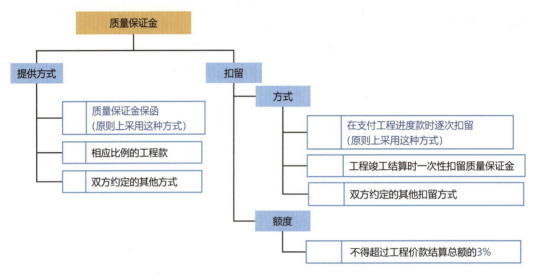

图 1Z103070-26　质量保证金的提供与扣留

 该知识点一般会考核质量保证金提供与保留方式中原则上采用的方式。

2. 质量保证金的退还

> ◆发包人在接到承包人返还保证金申请后，应于 14d 内会同承包人按照合同约定的内容进行核实。如无异议，发包人应当按照约定将保证金返还给承包人。

3. 保修 [18、19、20、21、22 年单选]

保修　　　　　　　　　　　　　　　表 1Z103070-8

项目	内容
工程保修期	（1）从工程竣工验收合格之日起算，具体分部分项工程的保修期由合同当事人在专用合同条款中约定，但不得低于法定最低保修年限。 （2）发包人未经竣工验收擅自使用工程的，保修期自转移占有之日起算
修复费用	（1）保修期内，因承包人原因造成工程的缺陷、损坏，承包人应负责修复，并承担修复的费用以及因工程的缺陷、损坏造成的人身伤害和财产损失。 （2）保修期内，因发包人使用不当造成工程的缺陷、损坏，可以委托承包人修复，但发包人应承担修复的费用，并支付承包人合理利润。 （3）因其他原因造成工程的缺陷、损坏，可以委托承包人修复，发包人应承担修复的费用，并支付承包人合理的利润，因工程的缺陷、损坏造成的人身伤害和财产损失由责任方承担

续表

项目	内容
修复通知	在保修期内，发包人在使用过程中，发现已接收的工程存在缺陷或损坏的，应书面通知承包人予以修复，但情况紧急必须立即修复缺陷或损坏的，发包人可以口头通知承包人并在口头通知后48h内书面确认，承包人应在专用合同条款约定的合理期限内到达工程现场并修复缺陷或损坏

（1）保修期首先是一个单项选择题采分点，还会在判断正确与错误说法的题目中出现。
（2）对修复费用的约定，要区分是谁的责任，由谁承担修复费用。

【考点8】合同价款纠纷的处理（☆☆☆）

1. 因不可抗力合同解除的价款结算与支付 [18年单选]

因不可抗力合同解除的价款结算与支付　　表1Z103070-9

项目	内容
解除合同条件	因不可抗力导致合同无法履行连续超过84d或累计超过140d的，发包人和承包人均有权解除合同
款项内容	（1）合同解除前承包人已完成工作的价款。 （2）承包人为工程订购的并已交付给承包人，或承包人有责任接受交付的材料、工程设备和其他物品的价款。 （3）发包人要求承包人退货或解除订货合同而产生的费用，或因不能退货或解除合同而产生的损失。 （4）承包人撤离施工现场以及遣散承包人人员的费用。 （5）按照合同约定在合同解除前应支付给承包人的其他款项。 （6）扣减承包人按照合同约定应向发包人支付的款项。 （7）双方商定或确定的其他款项

2. 因发包人违约合同解除的价款结算与支付 [18年单选]

因发包人违约合同解除的价款结算与支付　　表1Z103070-10

项目	内容
发包人违约的情形	（1）因发包人原因未能在计划开工日期前7d内下达开工通知的。 （2）因发包人原因未能按合同约定支付合同价款的。 （3）发包人违反"变更的范围"相关约定，自行实施被取消的工作或转由他人实施的。 （4）发包人提供的材料、工程设备的规格、数量或质量不符合同约定，或因发包人原因导致交货日期延误或交货地点变更等情况的。 （5）因发包人违反合同约定造成暂停施工的。 （6）发包人无正当理由没有在约定期限内发出复工指示，导致承包人无法复工的。 （7）发包人明确表示或者以其行为表明不履行合同主要义务的。

127

续表

项目	内容
发包人违约的情形	（8）发包人未能按照合同约定履行其他义务的。 除专用合同条款另有约定外，承包人按"发包人违约的情形"条款约定暂停施工满 28d 后，发包人仍不纠正其违约行为并致使合同目的不能实现的，或发包人明确表示或者以其行为表明不履行合同主要义务的；承包人有权解除合同，发包人应承担由此增加的费用，并支付承包人合理的利润
因发包人违约解除合同后的付款	（1）合同解除前所完成工作的价款。 （2）承包人为工程施工订购并已付款的材料、工程设备和其他物品的价款。 （3）承包人撤离施工现场以及遣散承包人人员的款项。 （4）按照合同约定在合同解除前应支付的违约金。 （5）按照合同约定应当支付给承包人的其他款项。 （6）按照合同约定应退还的质量保证金。 （7）因解除合同给承包人造成的损失

3．因承包人违约合同解除的价款结算与支付 [18 年单选]

因承包人违约合同解除的价款结算与支付　　　　表 1Z103070-11

项目	内容
承包人违约的情形	（1）承包人违反合同约定进行转包或违法分包的。 （2）承包人违反合同约定采购和使用不合格的材料和工程设备的。 （3）因承包人原因导致工程质量不符合合同要求的。 （4）承包人违反"材料与设备专用要求"条款的约定，未经批准，私自将已按照合同约定进入施工现场的材料或设备撤离施工现场的。 （5）承包人未能按施工进度计划及时完成合同约定的工作，造成工期延误的。 （6）承包人在缺陷责任期及保修期内，未能在合理期限对工程缺陷进行修复，或拒绝按发包人要求进行修复的。 （7）承包人明确表示或者以其行为表明不履行合同主要义务的。 （8）承包人未能按照合同约定履行其他义务的
因承包人违约解除合同后的处理	（1）合同解除后，按"商定或确定"条款商定或确定承包人实际完成工作对应的合同价款，以及承包人已提供的材料、工程设备、施工设备和临时工程等的价值。 （2）合同解除后，承包人应支付的违约金。 （3）合同解除后，因解除合同给发包人造成的损失。 （4）合同解除后，承包人应按照发包人要求和监理人的指示完成现场的清理和撤离。 （5）发包人和承包人应在合同解除后进行清算，出具最终结清付款证书，结清全部款项

 注意对比记忆，发生不可抗力、发包人原因、承包人原因导致合同解除后的付款内容的对比。

4. 计量争议的鉴定 [19年多选]

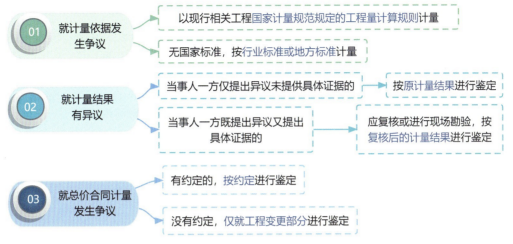

图 1Z103070-27 计量争议的鉴定

 该知识点一般会考核判断正确与错误说法的题目。

5. 计价争议的鉴定 [21年单选]

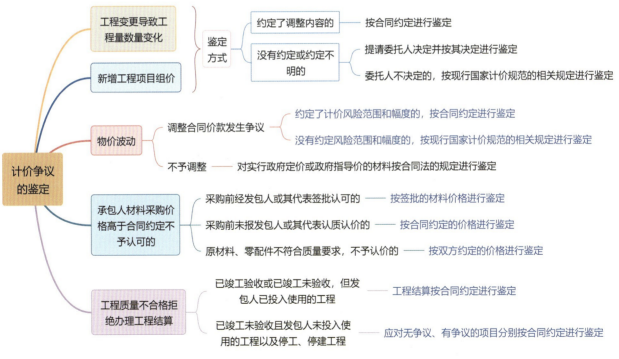

图 1Z103070-28 计价争议的鉴定

 该知识点一般会考核判断正确与错误说法的题目。

6．索赔争议的鉴定

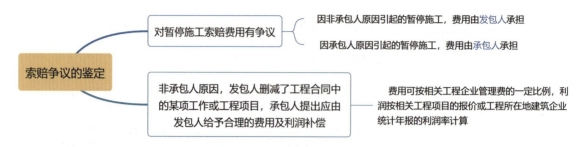

图1Z103070-29　索赔争议的鉴定

7．签证争议的鉴定 [20年单选]

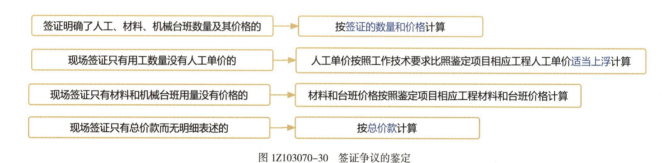

图1Z103070-30　签证争议的鉴定

 该知识点一般会考核判断正确与错误说法的题目。

8．合同解除争议的鉴定 [19年单选]

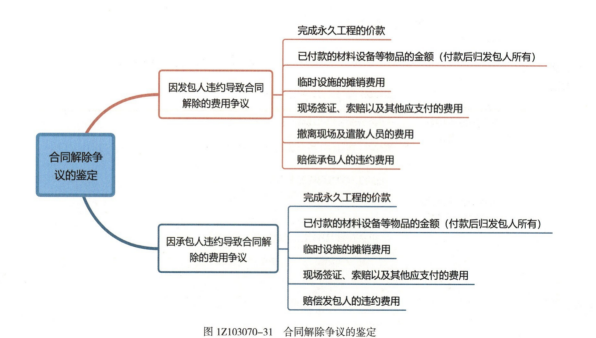

图1Z103070-31　合同解除争议的鉴定

1Z103080 国际工程投标报价

【考点1】国际工程投标报价的程序（☆☆☆）

1. 国际工程投标报价的程序 [14年单选]

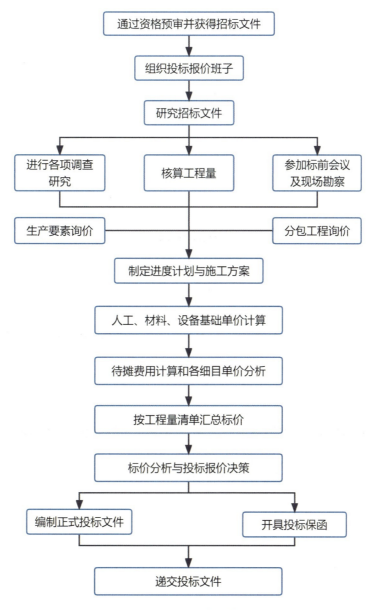

图 1Z103080-1 国际工程投标报价的程序

 该知识点考试时有两种命题形式：
（1）判断某几项工作的正确顺序。
（2）判断某项工作之前或后续包括的工作内容。

2. 标前会议与现场勘察 [20年单选，17年多选]

- ◆ 对工程内容范围不清的问题应当提请说明，但不要表示或提出任何修改设计方案的要求。
- ◆ 对招标文件中图纸与技术说明互相矛盾之处，可请求说明应以何者为准，但不要轻易提出修改技术要求。如果自己确实能提出对业主有利的修改方案，可在投标报价时提出，并做出相应的报价供业主选择而不必在会议中提出。
- ◆ 对含糊不清、容易产生歧义理解的合同条件，可以请求给予澄清、解释，但不要提出任何改变合同条件的要求。
- ◆ 投标人应注意提问的技巧，不要批评或否定业主在招标文件中的有关规定，提问的问题应是招标文件中比较明显的错误或疏漏，不要将对己方有利的错误或疏漏提出来，也不要将己方机密的设计方案或施工方案透露给竞争对手，同时要仔细倾听业主和竞争对手的谈话，从中探察他们的态度、经验和管理水平。

  该知识点一般会考核判断正确与错误说法的题目。

3. 工程量复核 [19、22年单选]

```
工程量复核
├── 目的
│   ├── 便于准确计算投标价格
│   ├── 在实施工程中测量每项工程量的依据
│   └── 安排施工进度计划、选定施工方案的重要依据
└── 发现遗漏或相差较大时的处理
    ├── 投标人不能随便改动工程量
    ├── 仍应按招标文件的要求填报自己的报价
    └── 但可另在投标函中适当予以说明
```

图 1Z103080-2　工程量复核

（1）工程量复核的目的可能会考核多项选择题。
（2）发现工程量遗漏或相差较大时的处理是可能会考核一个单项选择题，或者作为判断正确与错误说法的备选项。

【考点2】国际工程投标报价的组成（☆☆☆☆☆）

1. 国际工程投标报价的组成 [14、15、16、19、20、21、22年单选，14、16年多选]

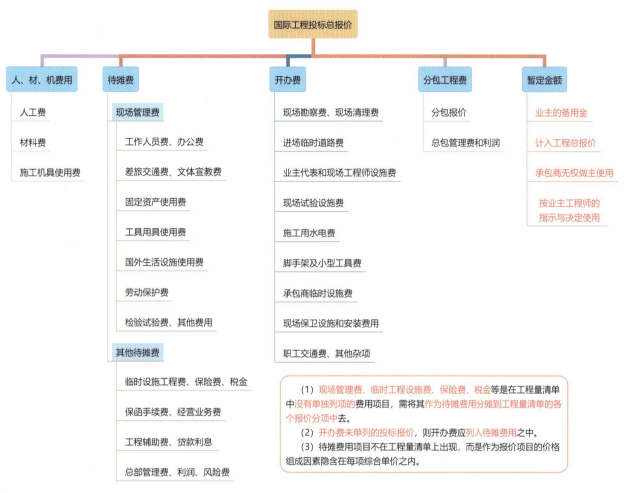

图 1Z103080-3　国际工程投标报价的组成

（1）应能区分待摊费用与开办费，特别关注待摊费用的组成，考试时会相互作为干扰选项。
（2）暂定金额的内容经常会考核，重点掌握。

2. 材料、半成品和设备预算价格的计算 [18年单选]

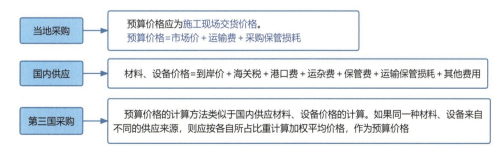

图 1Z103080-4　材料、半成品和设备预算价格的计算

【考点3】单价分析和标价汇总的方法（☆☆☆）[18年多选]

图1Z103080-5　单价分析和标价汇总的方法

 区分定额估价法、作业估价法、匡算估价法的适用情形，可能会考核单项选择题，也可能作为判断正确与错误说法题目的备选项。

【考点4】国际工程投标报价的分析方法（☆☆☆）

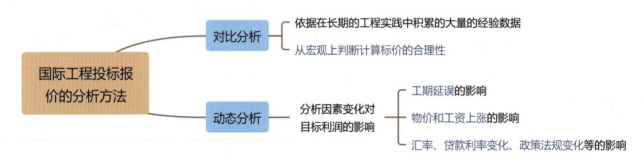

图1Z103080-6　国际工程投标报价的分析方法

【考点5】国际工程投标报价的技巧（☆☆☆）

1. 根据招标项目的不同特点采用不同报价 [18、21年单选]

报价可高一些的工程
(1) 施工条件差的工程。
(2) 专业要求高的技术密集型工程，而本公司在这方面有专长，声望也较高。
(3) 总价低的小型工程以及自己不愿做、又不方便不投标的工程。
(4) 特殊的工程，如港口码头、地下开挖工程等。
(5) 工期要求急的工程。
(6) 竞争对手少的工程。
(7) 支付条件不理想的工程。

报价可低一些的工程
(1) 施工条件好的工程。
(2) 工作简单、工程量大而一般公司都可以做的工程。
(3) 本公司目前急于打入某一市场、某一地区，或在该地区面临工程结束，机械设备等无工地转移时。
(4) 本公司在附近有工程，而本项目又可利用该工地的设备、劳务，或有条件短期内突击完成的工程。
(5) 竞争对手多，竞争激烈的工程。
(6) 非急需工程。
(7) 支付条件好的工程。

图1Z103080-7 根据招标项目的不同特点采用不同报价

 该知识点内容应对比记忆。在考核时，会相互作为干扰选项。

2. 不平衡报价法 [19年多选]

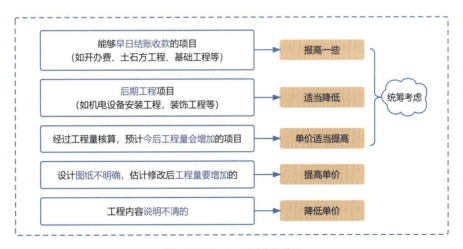

图1Z103080-8 不平衡报价法

3. 计日工的报价 [13年单选]

◆如果是单纯对计日工报价，可以报高一些。
◆如果招标文件中有一个假定的"名义工程量"时，则需要具体分析是否报高价，以免提高总报价。

4．多方案报价法

> ◆对一些招标文件，如果发现工程范围不很明确，条款不清楚或很不公正，或技术规范要求过于苛刻时，可在充分估计投标风险的基础上，按多方案报价法处理。

5．"建议方案"报价

> ◆招标文件中规定可以提出建议方案，即可以修改原设计方案，提出投标者的方案。投标者这时应组织一批有经验的设计和施工工程师，对原招标文件的设计方案仔细研究，提出更合理的方案以吸引业主，促成自己方案中标。这种新的建议方案一般要求能够降低总造价或提前竣工或使工程运用更合理。

6．突然降价法

> ◆采用突然降价法时，一定要在准备投标报价的过程中考虑好降价的幅度，在临近投标截止日期前，根据情报信息与分析判断，再做最后决策。另外如果由于采用突然降价法而中标，因为开标只降总价，那么就可以在签订合同后再采用不平衡报价方法调整工程量表内的各项单价或价格，以期取得更好的效益。

7．先亏后盈法

> ◆应用这种方法的承包商必须有较好的资信条件，并且提出的施工方案也先进可行，同时要加强对公司情况的宣传，否则即使标价低，业主也不一定选中。

8．暂定工程量的报价 [13年单选]

暂定工程量的报价　　　　　　　　　　　　　　　　　　表 1Z103080

暂定工程量	报价
业主规定了暂定工程量的分项内容和暂定总价款，并规定所有投标人都必须在总报价中加入这笔固定金额，但由于分项工程量不很准确，允许将来按投标人所报单价和实际完成的工程量付款	投标时应当对暂定工程量的单价适当提高
业主列出了暂定工程量的项目和数量，但并没有限制这些工程量的估价总价款，要求投标人既列出单价，也应按暂定项目的数量计算总价，当将来结算付款时可按实际完成的工程量和所报单价支付	可以采用正常价格。如果承包商估计今后实际工程量肯定会增大，则可适当提高单价，使将来可增加额外收益
只有暂定工程的一笔固定总金额，将来这笔金额做什么用，由业主确定	这种情况对投标竞争没有实际意义，按招标文件要求将规定的暂定款列入总报价即可

直击考点 注意区分每种情形的报价方法。

9. 无利润算标法

这种办法一般是处于以下条件时采用：
◆有可能在得标后，将大部分工程分包给索价较低的一些分包商；
◆对于分期建设的项目，先以低价获得首期工程，尔后赢得机会创造第二期工程中的竞争优势，并在以后的实施中赚得利润；
◆较长时期内，承包商没有在建的工程项目，如果再不得标，就难以维持生存。因此，虽然本工程无利可图，只要能有一定的管理费维持公司的日常运转，就可设法度过暂时的困难，以图将来东山再起。

【考点6】国际工程投标报价决策的影响因素（☆☆☆）[13年多选]

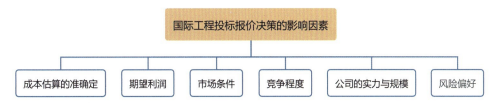

图 1Z103080-9　国际工程投标报价决策的影响因素

图书在版编目（CIP）数据

建设工程经济考霸笔记 / 全国一级建造师执业资格考试考霸笔记编写委员会编写．—北京：中国城市出版社，2023.6

（全国一级建造师执业资格考试考霸笔记）

ISBN 978-7-5074-3611-2

Ⅰ.①建… Ⅱ.①全… Ⅲ.①建筑经济—资格考试—自学参考资料 Ⅳ.① F407.9

中国国家版本馆CIP数据核字（2023）第085312号

责任编辑：蔡文胜
责任校对：李美娜
书籍设计：强　森

全国一级建造师执业资格考试考霸笔记
建设工程经济考霸笔记
全国一级建造师执业资格考试考霸笔记编写委员会　编写
*
中国建筑工业出版社、中国城市出版社出版、发行（北京海淀三里河路9号）
各地新华书店、建筑书店经销
北京海视强森文化传媒有限公司制版
北京云浩印刷有限责任公司印刷
*
开本：880毫米×1230毫米　1/16　印张：9　字数：245千字
2023年6月第一版　2023年6月第一次印刷
定价：**68.00**元
ISBN 978-7-5074-3611-2
　　（904605）

版权所有　翻印必究
如有内容及印装质量问题，请联系本社读者服务中心退换
电话：（010）58337283　　QQ：924419132
（地址：北京海淀三里河路9号中国建筑工业出版社604室　邮政编码100037）